MilchbergBücher

„Bin ich der Hüter meines Bruders?"

„Ja."

Warmer Regen

Jan Bollwerk
Lieder, Texte,
Gedichte

Robert Kühn
Zeichnungen

WARMER REGEN

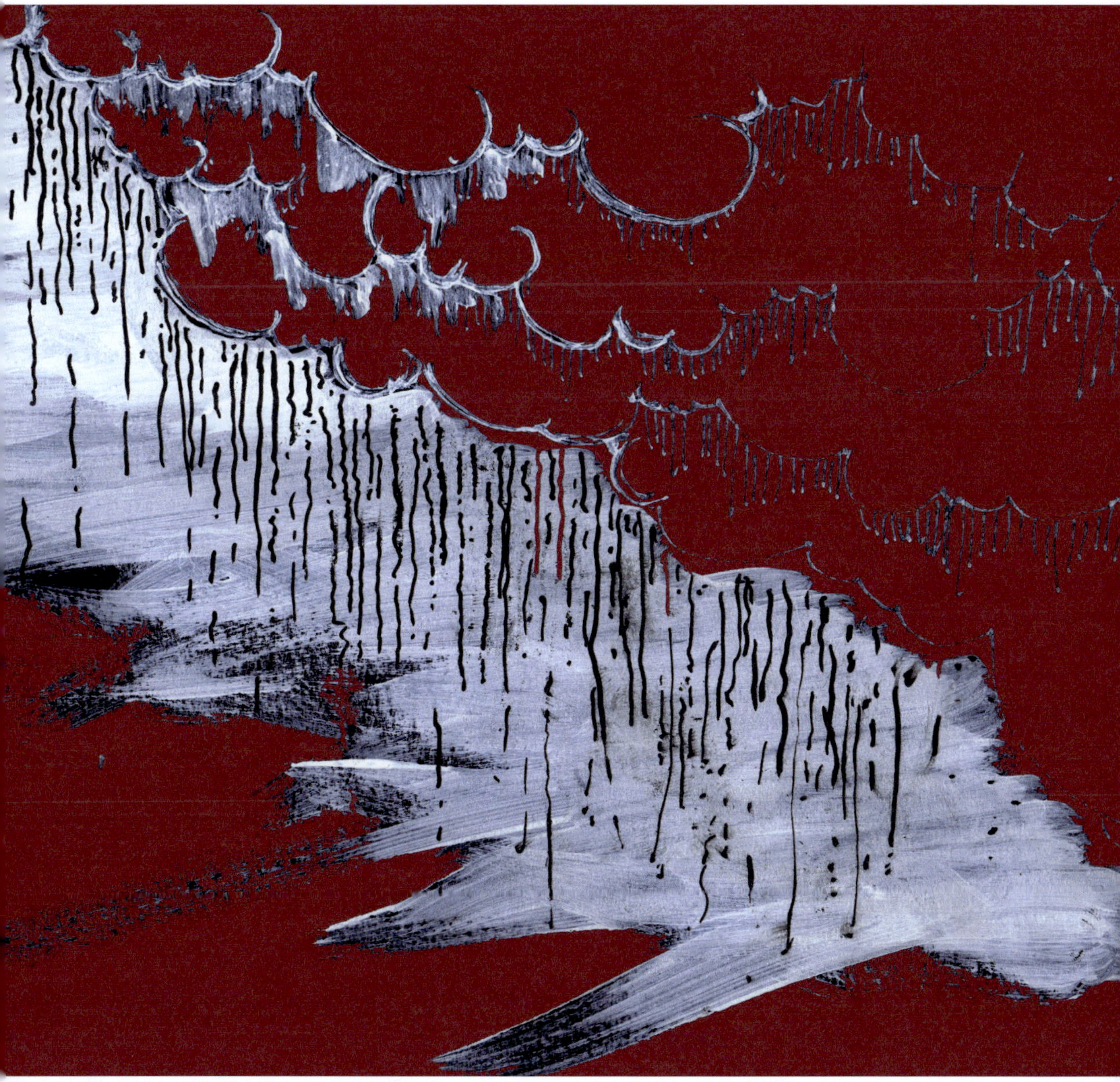

Originalausgabe

Veröffentlicht im Verlag Milchberg
Neetze/Lüneburg

1. Auflage Januar 2011

ISBN 978-3-98 12845-0-8
Herstellung Books on Demand, GmbH, Norderstedt

Texte: Jan Bollwerk
Illustrationen: Robert Kühn
Umschlag, Layout, Typosystem, Gestaltung: Walter Werner

Schriften: Stone, Sabon

Inhalt

Der See

Noch ein, zwei Schritte – da ist er wieder. Der See liegt vor ihm, dunkel ausgebreitet, flach, ruhig. Kein Mensch ist zu sehen. Er hat noch nie jemanden hier angetroffen. In diesem Jahr kommt er fast täglich her. Er lässt das Fahrrad liegen, hält die Nase in den Wind und zieht die Luft ein. Es riecht nach Heu. Die Luft ist trocken, doch der Geruch von Heu gibt ihr etwas Würziges, fast Feuchtes. Das passt zum Wasser, denkt er. Die Sonne flirrt, es ist still. In der Ferne ein leises Brummen. Ein Traktor? Ein Schiff?

Der See liegt in einer leichten Senke, etwa zwei Kilometer von der Elbe entfernt. An der einen Seite ist er von Weiden und Erlen umgeben. Dort ist der Zufluss: Ein Bach schlängelt sich durch die Wiesen, bringt frisches Wasser, und nimmt auf der anderen Seite, die dicht, auf einer Breite von drei Metern, mit Schilf bewachsen ist, Wasser, Schwebteile, Fische und ein wenig Schlick wieder mit. Am Ufer gibt es eine einzige freie Stelle, von dort führt ein schmaler Kanal, wie ein Priel, in den See.

Er zieht sich aus und streckt sich. Fast obszön, dieses Nacktsein, denkt er. Einfach so, mitten am Tag, mitten in der Natur. Das gleiche Gefühl hat er jedes Mal, wenn er an die Ostsee fährt und sich nackt ins Meer stürzt.

Einen Moment später spürt er die Sonne, wie sie sich groß und weich auf seine Haut legt. Er dehnt sich, berührt mit den Händen den Grasboden.

Dann geht er ins Wasser. Kühl ist es, aber nicht zu kalt. Anfangs ekelte ihn die Vorstellung, durch das Schilf schwimmen zu müssen, durch diesen engen Priel, nicht wissend, was er mit den Füßen berührte. Waren es Wurzeln? Abgestorbene Pflanzenteile? Waren es Fische? Die Fantasie war manchmal mit ihm durchgegangen. Das scharfkantige Schilf schnitt in seine Beine, durchstach seine Haut. Er blutete ins Wasser. Die glitschigen Stängel von Seerosen schlangen sich um seine Füße. Er träumte von Egeln, die sich gierig an seine Beine hefteten, ihn nicht losließen; er dachte an schleimige Fische, an irgendwelche unbekannten Tiere, die im brackigen Schlamm auf ihn warteten und ...

Er treibt auf dem Wasser. Es hat die merkwürdige Eigenschaft, ihn zu tragen, ohne dass er etwas tun muss. Er muss weder mit Armen und Beinen rudern noch seine Wirbelsäule strecken. Er schwimmt einfach ein Stück, dreht sich auf den Rücken, bewegt sich nicht mehr und treibt. Früher hatte er darüber nachgedacht, welche Eigenschaft dieses Wasser wohl haben muss, dass es einen Menschen einfach tragen kann. Wie das Tote Meer. Von dem weiß man, dass es einen hohen Salzgehalt hat, der Menschen einfach im und auf dem Wasser schweben lässt. Aber dieser kleine niedersächsische See? Mittlerweile denkt er nicht mehr darüber nach, sondern nimmt die besondere Eigenschaft dieses Tümpels hin.

Im Laufe seines Lebens hat er eher schlecht als gut gelernt, Dinge hinnehmen zu können. Einerseits gibt er sich alle Mühe, das, was er tut, womit er sein Geld verdient, die Menschen, die er trifft, mit denen er sich umgibt, seine Freundin, seine wenigen Freunde – alles dies zu verstehen, alle scheinbaren Normalitäten und scheinbaren Verrücktheiten der anderen in sich zuzulassen, auch wenn er die Dinge vielleicht doch nicht versteht. Andererseits stößt er immer wieder an die eigenen Grenzen.

Vor zwei Wochen gab es mit den halbwüchsigen Kindern seiner

Freundin mehrere solcher Situationen. Die beiden sind in einer Phase, wo sie sich von den Erwachsenen trennen müssen, wo sie sich selber entdecken – und dies mit jeweils unterschiedlicher Keckheit, mit Charme und auch mit Frechheit kundtun. Er liebt die beiden, zwei Jungs, wie sie unterschiedlicher nicht sein können. Der eine scheinbar schlampig, der andere total ordentlich. Doch waren sie wirklich so? Immer wieder entdeckt er Verhaltensweisen, die nicht zu seinem Bild des Schlampigen oder des Ordentlichen passen. Er ist schon froh, dass er überhaupt bemerkt, dass es seine eigenen Bilder und Vorstellungen sind, die über weite Strecken seine Auffassung der Realität prägen.

Und der See, denkt er? Was macht dieser blöde See? Er liegt einfach da. Fauler Sack. Na, na, immerhin trägt er einen Mann. Knapp 80 Kilo schwer, 1,90 groß, große Hände, große Füße. Zu große Ohren. Aber der See macht nichts weiter. Ist es dem See gleichgültig, wen er trägt, ob überhaupt jemand in diese Gegend kommt und ihn bemerkt? Macht es für den See einen Unterschied, ob jemand in ihm badet, ein Stück Holz in ihn wirft, Steine auf ihm fletschen lässt, ob jemand heimlich in ihn pinkelt oder ob ein Tier aus ihm trinkt?

Während er auf der Oberfläche treibt, kommen ihm diese Gedanken. Merkwürdige Gedanken, findet er. So etwas passiert ihm häufiger am See. So stellen sich seit einigen Wochen immer mal Überlegungen ein, die ganz klar terroristischer Natur sind. Zum Beispiel zur Finanzkrise. Der sogenannten Finanzkrise. Man sollte diese Betrüger, die Mitwisser und Mitläufer, die Verharmloser aus ihren Häusern und Wohnungen zerren, aus den Firmen, den Banken, Zeitungen, den Werbeagenturen, sie dann öffentlich auspeitschen und aus den Städten jagen! Selbstverständlich ihre Gelder sperren und die vielen ergaunerten Millionen der Allgemeinheit zuführen. Und selbstverständlich müßte es sein, dass man ihnen ihre Häuser wegnimmt und vielleicht in Jugendheime, Kindertagesstätten und Übungsräume für Bands umwandelt. Man könnte ein, zwei Häuser verkaufen und von den Erlösen ein paar Hausmeister und Kindergärtnerinnen bezahlen.

Nette Gedanken! Wenn man tatsächlich ernst damit machte, wären halbe Städte und Landstriche entvölkert. Und dann?

Ihm ist klar – und das ist das Ergebnis des Lesens vieler, vieler Bücher, des regelmäßigen Hörens und Lesens offizieller Nachrichten und inoffizieller Quellen sowie unzähliger Diskussionen, auch und vor allem mit seiner Freundin –, dass die Bewältigung solcher – und wahrscheinlich der meisten – Probleme anders geht. Alles gehört in die Welt, nichts wird ausgelassen!

Aber wie soll man es verstehen und vor allem hinnehmen, wenn der Vorstand der größten deutschen Bank sich ein Jahresgehalt von 20 Millionen Euro genehmigt, während die Bank im gleichen Jahr vier Milliarden Euro Verluste macht? Kein Handwerker kann sich so etwas erlauben! Und wie passt das damit zusammen, dass dieselbe Bank gleichzeitig eine andere Bank kauft und, während sie ihre Verluste einer interessierten, aber merkwürdig teilnahmslosen Öffentlichkeit mitteilt, nach Staatshilfen eben wegen dieser Verluste ruft?

Nichts passt zusammen. Warum stellt keiner der tausenden Journalisten solche Fragen? Oder warum schreibt keiner von ihnen zu Beginn des Krieges gegen die Palästinenser im Gazastreifen Kommentare über die Zionisten in Israel, die nicht nur die Palästinenser in deren angestammter Heimat ausrotten, sondern vielleicht noch viel furchtbarere Ziele verfolgen? Alle diese Dinge sind schließlich im Internet nachvollziehbar, alle Informationen liegen vor, jeder Journalist, jeder Politiker, jeder Lobbyist – und auch jeder Bürger – kann alles nachlesen. Und wenn man mit anderen Menschen darüber spricht, wenn doch mal jemand wagt, sich zu äußern, wird alles unter dem Signum von Verschwörungstheorien abgetan. Fragt man nach, welche das denn seien, bekommt man allgemeines Gerede zur Antwort. Nichts ändert sich, alles läuft weiter.

In der vergangenen Woche war seine Waschmaschine kaputt gegangen. Er hatte im Elektrogeschäft angerufen, bald kam ein Techniker. Und während dieser an der Maschine die Frontplatte abschraubte und die Elektronik prüfte, sprachen sie über dies und jenes und kamen auf den Krieg im Gazastreifen zu sprechen. Ja, der Techniker hatte gelesen, dass entgegen der offiziellen Nachrichten ein hoher israelischer Regierungsbeamter gesagt hätte, Israel habe den Krieg begonnen, nicht etwa die Hamas. Die hätte sich an die Vereinbarungen gehalten und sei vollkommen still gewesen. „Aber", sagte der Techniker, „das darf man ja nicht laut sagen."

Das darf man nicht laut sagen! Warum eigentlich nicht? Und schreiben, denkt er, während er mit den Armen in die Mitte des Sees rudert, schreiben darf man das schon gar nicht. Aber wir haben doch eine freie Presse! Haben die Journalisten alle Angst?

Das ist das nächste Thema. Freie Presse. Aber wahrscheinlich hängen alle diese Themen zusammen. Wenn man mit Freunden spricht, fangen die fast an zu lachen. Freie Presse! Das gibt es bei uns nicht! Es gibt viele Tabu-Themen. Bestimmte Kriege zählen dazu. Viele Dinge, die die Amerikaner treiben, auch. Zu einigen Kriegen darf man nicht Krieg sagen. Es gibt einige Kriege, die sind offenbar mehr Krieg als andere. All animals are equal, but some animals are more equal than others; so ähnlich heißt es in Animal Farm von Orwell. Afghanistan – nein, das ist kein Krieg, und Deutschland ist nicht in einen

Krieg verwickelt. Nein, schon gar nicht auf ausdrücklichen Wunsch der Amerikaner. Und Russland? Es gehört zum guten Ton, die Russen zu diskreditieren. Eigentlich immer, mehr oder weniger. Was wissen wir von den Russen? Kein Mensch sagt, dass die Amerikaner in Georgien sitzen, der dortigen Regierung Dampf machen gegen Russland, wahrscheinlich sogar die Erdgas-Pipelines manipulieren, damit in Europa kein russisches Gas mehr ankommt. Wahrscheinlich laufen noch ganz andere Schweinereien, schön versteckt, von denen hier niemand etwas erfährt. In den Nachrichten heißt es: der böse Russe. Aber warum macht sich kein Journalist auf die Suche nach der Wahrheit?

Er weiß, wie das Geschäft läuft. Ein Freund von ihm arbeitet bei der Tageszeitung. Die Chefredaktion gibt vor, was wie beurteilt wird. Und da die Medien sogenannte Tendenzbetriebe sind und tendenzielle Berichterstattung ihr ureigenstes Recht ist, leiten sie daraus die Legitimation ab, Themen auszublenden, lediglich drei Viertel einer Wahrheit zu schreiben oder alles aus einem einzigen Blickwinkel heraus zu berichten. Als Redakteur kann man nur gehen. Aber wohin? Es ist ein perfides System, weil es überall gleich funktioniert. Hund beißt Mann ist keine Geschichte, Mann beißt Hund ist eine. Warum? Weil Zweiteres das Besondere und damit das Nicht-Alltägliche ist. Das Besondere zählt. Und diese Auffassung teilen alle.

Aber was ist das Besondere? Das, was die Nachrichtenagenturen dazu machen. Sie definieren, die anderen folgen. Auf diese Weise braucht niemand Verantwortung für das, was er schreibt, spricht und sendet, zu übernehmen. Und schon gar nicht für das, was er nicht schreibt.

Das, was nicht geschrieben wird.

Er hat die Augen geschlossen. Die Sonne wärmt ihn. Weil er schon viele Male hier war, ist er mit den Geräuschen vertraut. Er weiß, wie das Wasser im Schilf plätschert: Es ist leiser als mitten auf dem See, fast so, als sei es nicht da. Dafür hört man die Blätter. Sie reiben ihre scharfen Kanten aneinander, Zirpgeräusche entstehen.

Auf der anderen Seite des Sees plätschert das Wasser ans Ufer. Trocken klingt dies. Darüber schwebt das silbrige Rauschen der Bäume, der Blätter.

Das, was nicht geschrieben wird. Das, was nicht gesagt wird.

Immer wieder landen Vögel auf dem Wasser. Hin und wieder kommt ein Entenpaar. Leise vor sich hinquakend paddeln die Tiere ins Schilf. Manchmal hört er Tropfen fallen. Er weiß, dass es ein Fisch ist, der an die Oberfläche kommt und wieder abtaucht. Das Wasser zieht Ringe.

Jahresringe. Ereignisse ziehen Jahresringe.

Das, was nicht gesagt wird, zieht ebenfalls Jahresringe. Unsichtbar. Sie bewegen sich nach innen. Immer mehr, immer höher. Wellen, die von ganz weit her auf ein Zentrum zulaufen, größer werden, sich höher türmen, weil von überall weitere Wellen hinzukommen. Ein Tsunami, der im Kopf entsteht. Jeder Tsunami entsteht im Kopf. Vielleicht ist der Tsunami, der Thailand verwüstete, die Erscheinung eines Tsunamis, der im Kopf entstanden war – und der kam wiederum von den Jahresringen.

Können wir überhaupt so etwas denken?

Viele Menschen wollen nicht, dass etwas Wahres ausgesprochen wird. Als gäbe es eine Macht, die sagt: Lass die Unwissenden doch glauben, sie wüssten etwas. Wir geben ihnen ein paar Bröckchen, die reichen aus, um sie zufrieden zu halten. Die anderen, die in ihrer Welt zwischen Boulevard-Medien und Verspaßung noch nicht einmal ahnen, dass sie dumm gehalten werden, bekommen ebenfalls ein paar Bröckchen, aber viel weniger als die anderen. Warum? Damit sie die Klappe halten. Das muss man wissen und verstehen. Insgesamt ein System, das funktioniert und von dem alle gut leben.

Irgendein großes Tier landet neben ihm im Wasser. Er öffnet die Augen und sieht einen Vogel. Groß, grauweiß. Kein Reiher. Das Tier schaut ihn an, dreht sich langsam und paddelt auf den Schilfstreifen zu. Dort fließt das Wasser aus dem See ab, bildet in den Wiesen einen Bach. Wird dieser Bach zum Fluss? Kann nicht sein, denn der große Fluss in der Nähe ist die Elbe. Aber wenn vielleicht doch ...?

Er dreht sich auf den Bauch und schwimmt langsam dem Vogel hinterher. Aus dem Augenwinkel bemerkt er, wie andere Vögel auf dem Wasser landen, links und rechts neben ihm. Auch hinter ihm ist Bewegung. Er schwimmt langsam weiter, holt dann tief Luft und taucht. Er schwimmt ein paar Meter unter Wasser, kommt an die Oberfläche. Viele Vögel paddeln um ihn herum, auch einige Enten, ein paar Haubentaucher. Die Sonne scheint heißer als vorher. Das Wasser ist weniger trübe, es ist, als würde es durchsichtiger. Das Schilf ist noch weit entfernt. Er wundert sich, weil es eben noch greifbar nah war.

Er taucht erneut, dieses Mal tief. Das Wasser wird immer heller. Neugier packt ihn, als er helle Flecken unter sich sieht. Er dreht sich, blickt um sich. Seine Lungen werden etwas zusammengedrückt, die Luft wird knapp. Trotzdem meint er, seinen eigenen Atem zu hören. Wie lange ist er schon unter Wasser?

Er schwimmt an die Oberfläche – und taucht dort in gleißend helles Licht. Um ihn herum ist alles strotzend grün, keine verbrannten Gräser, nur kräftige Wiesenränder und dicht belaubte Bäume.

Irgendetwas lässt ihn nochmals abtauchen. Wieder schwimmt er den hellen Flecken entgegen. Ist dies der Grund des Sees? Die hellen Stellen nehmen Gestalt an, Konturen treten hervor. Er sieht Farben. Bilder! Er wird ganz aufgeregt, muss sich zur Ruhe zwingen, weil ihm sonst die Luft ausgeht. Er erkennt Bilder von James Ensor, von Max Beckmann, Zeichnungen von Leonardo da Vinci. Einige liegen auf dem Grund, andere schweben im Wasser. Er entdeckt, etwas weiter entfernt, Skulpturen, die im Sand eingegraben sind, von Pablo Picasso, von Ernst Barlach, von Wilhelm Lehmbruck. Dazwischen, daneben, darunter liegen Blätter mit Gedichten. „Walt Whitman" steht auf einem. Ein großes Blatt mit einer Handschrift schwebt vorbei; „Gottfried Benn" kann er entziffern. Auf einem anderen steht „Alan Ginsberg". Notenblätter scheinen nach oben aufzusteigen, ein paar Melodielinien daraufgeschmiert, ein paar Akkorde. Blätter mit Namen wie Charlie ‚Bird' Parker, Chet Baker, Wes Montgomery treiben hoch. Und immer wieder Gedichte, von George Brassens, Bob Dylan, Hermann Hesse, Jörg Fauser, T.S. Eliot. Eine große Bewegung ist in die Blätter und Zeichnungen und Bilder gekommen, ein sich langsam drehender, nach oben öffnender Strudel. Er schwimmt hindurch. Namen über Namen sieht er, die meisten kennt er nicht, weder die Dichter noch die Musiker und schon gar nicht die Maler und Bildhauer. Ein Gefühl des Dankes überschwemmt ihn, und er spricht einen Gruß an die Dichter und Maler in den Wäldern, in den Hinterzimmern, an Rinnsteinen, unter Brücken, an die vielen unbekannten Musiker an Straßenecken, auf Parkplätzen von Opernhäusern und in Pleite gegangenen Kneipen. Einige der Gedichte, die er sieht, waren vertont worden und leben als Lieder weiter. Und plötzlich spürt er die Kraft und Tiefe von Texten, wenn sie mit Musik zusammenkommen. Der Geist, das heilige Ungesagte, das zwischen Konsonanten und Vokale hineingearbeitet ist, das sich von den Melodien tragen lässt, das in den Pausen darauf wartet, erkannt und mitgenommen zu werden.

Und noch eines wird ihm erschreckend und unmissverständlich deutlich. Das Geheimnis des Sees, den er so lange kennt, das Geheimnis, das er entdeckt hat, ohne es gesucht zu haben, möchte preisgegeben werden. Er soll es tun. Er soll anderen davon erzählen. Sie sollen kommen, sehen und selber erleben. Alle diese Dinge gehören niemandem und wollen liebevoll entlassen werden. Die Gedichte fliegen durch die Welt, die Skulpturen schweben im Raum und stürzen manchmal ab, die Malereien legen sich auf die Köpfe der Menschen, die Melodien und Akkorde schmiegen sich in die Ohren, suchen Worte, vereinigen sich mit ihnen, legen sich in Taschen und ...

Februar 2009

Achtundsechzig

Achtundsechzig: Hör auf, es reicht!
Achtundsechzig: Sei still, 's wird seicht.
Achtundsechzig: so lang vorbei.
Achtundsechzig: total einerlei.

Alles 100 Jahre her!

Deine Kraft kommt aus dem Heute.
Leb nicht in den alten Zeiten.
Lass doch deine Toten ruhen!
Was willst du jetzt noch für sie tun?

Achtundsechzig: Wann wachst du endlich auf?
Achtundsechzig: deine Bühne abgebaut!
Nur noch Kulisse, Stichwortgeber für den Film –
Achtundsechzig –, den keiner von uns will.

Alles 100 Jahre her!

Deine Power kommt nicht am Schreibtisch.
Auch nicht vom Jammern in der Kneipe.
Und nicht vom Haus am Gardasee.
Auch nicht vom Kiffen mit den Söhnen.

Komm, wir ändern die Welt!
Wir ändern die Welt!

Achtundsechzig: Du hast es im Gefühl.
Du wusstest damals genau, was du willst.
Hast es vergessen, vergraben unter dem Geld.
Musst dich erinnern: Hol's einfach wieder her.

Vergiss die Spießer auf den Thronen!
Immer noch die gleichen, die du kennst:
Gelangweilt von den eignen Drohnen!
Betrunken von geschenkten Drogen.

Komm, wir ändern die Welt!
Wir ändern die Welt!

September 2008

Als du herkamst

Als du herkamst,
glänzten die Augen.
Dein Lachen
polterte laut.

Alles erfahren,
nächtelang reden.
Nie betrunken,
aber immer unter Strom.

Heute wankt deine Seele.
Geschund'ner Vogel, kein Nest!

Unter den Tischen,
leise und feige,
die Hyäne
und ein Schakal.

Sollst dich fügen
in ihre Schranken.
Ihre Ohnmacht,
Leblosigkeit.

Daran krankt deine Seele.
Dünnhäutig, zart wie Papier.

Anna, Anna, nun laufe nicht weg.
Dafür bist du zu stark.
Anna, Anna, nun laufe nicht weg.
Zu vieles hast du geseh'n.

Wenn du weggehst,
ist nichts vorbei.
Darauf warten sie nur.
Darauf warten sie nur.

Stell dein Glas her,
gib mir 'ne Kippe.
Wir quatschen
sie aus dem Haus.

Du kannst dich trauen,
sie können nur drohen.
Und du hast sie
lange durchschaut.

Deine Schritte geh'n weiter,
ohne Zorn geradeaus.

Anna, Anna, nun laufe nicht weg.
dafür bist du zu stark.
Anna, Anna, nun laufe nicht weg.
Zu vieles hast du geseh'n.

März 2008

DIE GEGENWART DER VERGANGENHEIT

Wie saß er mir gegenüber? Wie oft habe ich ihn betrachtet, ohne ihn zu sehen? Tausende Male! Millionen Male! Und wie oft hat er mit mir geredet, ohne etwas zu sagen? Mindestens genauso viele Male.

Im Krieg war er. Wie viele andere auch. Zwei Generationen hatten zwei Kriege erlebt. Die meisten waren hinweggerafft, wahnsinnig geworden oder haben sich betäubt. Lebenslang. Eine Generation im ersten, eine im zweiten Weltkrieg. Junge Männer, intelligent, stark, voller Vertrauen und Begeisterung. Sie standen für die Aufgaben, die in einem Land für die Menschen, die Familien, Freunde, Bekannten, die in den Büros, den Fabriken, den Labors und an den Schreibtischen erledigt werden mussten, nicht mehr zur Verfügung. Und das Leben ging weiter, ohne sie. Es musste weitergehen, und diejenigen, die übrig geblieben waren und den Weg nach Hause geschafft hatten, stolperten durch Elend, Trümmer, Fetzen, Rauchwolken, Steine, über noch mehr Trümmer, zerstörte Straßen, Eisenbahngleise und Stromhäuschen. Was sollten sie tun? Sie vergruben sich ins Materielle, bauten auf, ackerten, lachten und tranken wieder, ließen sich immer mal als Helden feiern – nein, am liebsten feierten sie sich selbst, zu dritt, viert, fünft, zu 20 oder 30, am liebsten, wenn niemand anderes Zeuge war. Sie sangen mit Tränen in den Augen die Lieder ihrer Jugend, Volkslieder, missbraucht und vergewaltigt in der Hitlerzeit, und damit fürs Volk, für die Zukunft, fast verloren; und irgendwann, zu später Stunde, sangen sie auch „Die Fahne hoch“. Und in ihren alten Stimmen schwang das Menschsein und das Elend einer ganzen Generation mit, alle die Toten sangen mit, auch diejenigen, die vor

Moskau und Leningrad gestorben und die auf ihren Motorrädern erfroren waren. Aber alles das durfte man nicht erzählen – das glaubten zumindest die Überlebenden. Und als dann ein Politiker öffentlich, umweht vom satten Schein der eigenen Profilierung, von der „Gnade der späten Geburt" sprach, war es ganz aus. Vorbei. Wer früher geboren war, darf auf keine Gnade hoffen. Das bedeutet dieser Satz. Keine Frage danach, wer eigentlich die Gnade aussprach. Aber das wurde nicht gesagt, sondern stillschweigend in die Menschen hineingetragen. Seitdem ruht auch dies in ihnen.

Und so saß er da, mir gegenüber. Nach dem Krieg gefragt hatte ich ihn mehrfach, immer mal wieder. Hatte ihm gesagt, er solle doch mal seine Erlebnisse, und wenn schon nicht diese, dann doch seine Erfahrungen aufschreiben. „Ach Gott, Jung," hatte er gesagt. „Wie soll ich das denn machen? Das nützt doch nichts. Wo ist denn eigentlich die alte Schreibmaschine? Nein, nein, das ist so umständlich." Auch seine Freunde haben nie etwas erzählt. Trotzdem sind alle ihre Erlebnisse da. Alles Geschehen ist da. Es hätte in die Sprache getragen werden müssen, damit es bewusst wird. Wurde es aber nicht.

Alter Mann

Alter Mann im Sessel,
in deinen Kissen
ruht die Zeit.

Zigaretten, drei, vier noch,
mal ein Schnäpschen.
Ist's noch weit?

Erzähl uns von Russland,
von deinen Abenteuern.
Erzähl uns von der Welt,
wie sie wirklich ist.

Erzähl uns von den Kämpfen,
von den Niederlagen.
Hast du draus gelernt?
War das schwierig für dich?

Weißt du das nicht mehr?
Oder willst du nicht?
Schade, schade, alter Mann.

Erzähl uns von den Frauen.
Kennst du die harten?
Und die ewigen Mütter,
mit dem großen Kind?

Erzähl uns von den Männern,
die gerne mal treten,
doch die heimlich kriechen,
dass eine Frau sie liebt.

Weißt du das nicht mehr?
Oder willst du nicht?
Schade, schade, alter Mann.

Alter Mann im Sessel,
in deinen Kissen
ruht die Zeit.

Freunde gegangen. Tageszeitung,
manchmal fernsehen.
Ist's noch weit?

Erzähl uns vom Krieg
mit Waffen oder Worten.
Mit Lügen und der
unstillbaren Gier nach Macht.

Verbrannte Fabriken,
Menschen ohne Mitte.
Und immer jener,
der im Hintergrund lacht.

Weißt du das nicht mehr?
Oder willst du nicht?
Schade, schade, alter Mann.

Erzähl uns von Gott,
vom Glauben ohne Kirche.
Oder – ist das
zu hart für dich?

Traust du dich zu denken,
wohin dir niemand folgt?
Wo's kühl wird,
doch man aufgehoben ist?

Weißt du das nicht mehr?
Oder willst du nicht?
Schade, schade, alter Mann.

Alter Mann im Sessel,
in deinen Kissen
ruht die Zeit.

Die Welt, was war sie,
wirst du sie missen,
ist's noch weit?

Februar 2006

Am Fluss

Sie geht zu dem Fluss,
sie fühlt sich ganz leicht.
Der Wind kommt heran
und flüstert leis:
Dein weißes Kleid wird bald rot sein,
dein rotes Kleid wird nie mehr weiß.

Die Füße ganz nackt.
Die Haut fast weiß.
Im Baum sitzt der Frost,
doch ihr ist so heiß.
Die Aufregung in den Augen,
sie weiß jetzt, wohin sie gehört.

Der Fluss, das Meer,
die Vögel, der Wind,
der Mensch hat in sich die Erde.
Die Welle treibt,
der Felsen bleibt.
Der Mensch trägt alles in sich,
alles in sich.

Sie nimmt sich den Zweig,
setzt ihn ins Haar.
Drinnen ein Nest,
eine Amsel, ein Paar.

Es weht. Sie glaubt, sie wird schweben.
Die Gedanken sind weit von ihr fort.

Der Fluss, das Meer,
die Vögel, der Wind,
der Mensch hat in sich die Erde.
Die Welle treibt,
der Felsen bleibt.
Der Mensch trägt alles in sich,
alles in sich.

Sie stürzt in den Sand,
die Füße so schwer.
Der Wind flüstert leis:
Du gehörst doch hierher.
Sie lächelt, sie weint, ist alleine.
Sie weiß genau, er hat recht.

Der Fluss, das Meer,
die Vögel, der Wind,
der Mensch hat in sich die Erde.
Die Welle treibt,
der Felsen bleibt.
Der Mensch trägt alles in sich,
alles in sich.

April 2008

Andere Seite

Siehst mich an, erkennst mich nicht –
ich wohn doch auf der anderen Seite!
Ich hör dich, versteh dich nicht –
wir sprechen doch dieselbe Sprache!

Deine Haut: dünn wie Seide,
doch du liebst den Panzer.
Ich klopf an, doch du sagst:
Hier ist niemand da.

Jeder sitzt auf seiner Insel,
jeder hockt auf seinem Baum.
Wir starren immer auf den andern.
Ich habe diesen Traum:

Der weite Weg vom Ich zum Du
ist wie dieses Lied,
wie ein warmer Wasserfall:
nur ein kleiner Schritt.

Kommst herein, siehst mich hier,
möchtest mit mir reden.
Doch ich sag: Wer bist du?
Habe dich noch nie geseh'n.

Wann endlich lerne ich,
dass wir einander brauchen.
Ohne dich bin ich nichts,
und du nichts ohne mich.

Jeder wartet in der Ecke,
die er so gut kennt.
Jeder sagt: Der andere!
Und ich habe diesen Traum:

Der weite Weg vom Ich zum Du
ist wie dieses Lied,
wie ein warmer Wasserfall:
nur ein kleiner Schritt.

März 2009

BATISTAS SONG

Wie der Nebel in den Bergen liegt,
wie der Tropfen von dem Blatte rinnt,
wie das Blatt seine Farbe verträumt –
so liebt er die Welt.

Wie Kastanien auf den Wegen blüh'n,
wie die Pilze auf dem Laube glüh'n,
wie die Zweige nach der Sonne greifen –
so liebt er die Welt.

Wie die Götter über Länder brausen,
wie ein Hauch uns zum Leben erweckt,
wie die Kraft in den Körper strömt –
so liebt er die Welt.

Er bringt dir Äpfel,
pflanzt dir Blumen,
schenkt dir Gedanken
aus dem Wald.

Er schenkt dir Zitronen,
sagt: Diese Sonne
gibt dir die Kraft
für deine Wege.

Er kennt die Märchen,
er kennt die Lieder,
und deine Angst,
dass er geht.

Er winkt und wartet,
wo das Wasser
jede Nacht
die Bäume tränkt.

Wie das Wasser aus den Felsen stürzt
und die Härte von den Steinen nimmt,
wie die Steine einmal leichter sind –
so liebt er die Welt.

Wie Orangenduft den Hund begrüßt,
wie Amanda deine Hände küsst,
wie du fragst, ob dies der Himmel ist –
so liebt er die Welt.

Berg der Welten

Da fährt der Mensch, dieser Mann, in die Erde.
Und aus der Erde drängen Stürme übers Land.
Und überm Land gibt es keine Sonne mehr.
Und die Erde bebt.
Und die Häuser schütteln.
Und der Vorhang reißt.
Und die Menschen schlafen.
Und aus der Sonne kommt die neue Erde.

Auf dem Strand, hingestreckt, liegt der Mensch.
An der Straße, abgerissen, seine Tasche.
Unter Decken, eingefroren, die Gedanken.
Tränenschleier zieh'n vorbei.
Tränenschleier zieh'n vorbei.

Warum wollen uns're Hände alles halten?
Warum denken die Münder nur ans Essen?
Warum müssen die Augen alles sehen?
Tränenschleier zieh'n vorbei.
Tränenschleier zieh'n vorbei.

Auf dem Berg der Welten ein Mann.
Alle Leben hat er schon geseh'n.
Unten schlafen wir, er reicht die Hand uns her.

Die Kruste ist zu dick, sie wird brechen.
Das Polster ist zu hoch, es muss verrotten.
Die Dinge sind gekauft, sie zerrinnen.
Tränenschleier zieh'n vorbei.
Tränenschleier zieh'n vorbei.

Doch vor 2000 Jahren gab's das Wunder:
Ein Gott kam herab, um zu helfen,
brach sich durch die Erde in die Herzen.
Freudentränen fließen leis.
Freudentränen fließen leis.

Sein Geist ist die Kraft seiner Sonne.
Strahlt über unsere Welt.
Der Tod, unser Tod, hat keine Macht mehr.
Freudentränen fließen leis.
Freudentränen fließen leis.

Und die Erde bebt.
Und die Häuser schütteln.
Und der Vorhang reißt.
Und die Menschen schlafen.
Doch aus der Sonne kommt die neue Erde.
Doch aus der Sonne kommt die neue Kraft.
Doch aus der Sonne kommt die neue Erde.
Doch aus der Sonne kommt die neue Kraft.

Dezember 2008

Berg der Weiden

Damals

Ich weiß noch, wo du standest,
damals im Jugendheim.
Ich fühlte deine Blicke,
jedesmal war mir heiß.

Deine langen Haare,
flogen durch den Raum.
Da waren unsere Freunde – und du,
mein stiller Traum.

Oh, Maria,
oh, Maria!

Keine Ahnung, was ich sagen sollt'.
So gern wollt' ich dich spür'n, berühr'n.
So gerne deine Nähe fühl'n.

Dann kam dieser Sommer,
heiß war's, die Luft ganz klar.
Wir lagen an dem Flußarm,
küssten uns, du warst so nah.

Wir klauten uns das alte Boot
und fuhren hinaus.
Transistorradio vor uns,
du liebtest James Brown.

Uns're große Liebe
aus der Jugendzeit,
tief in unserm Herzen,
ich spür sie noch heut.

Oh, Maria,
oh, Maria!

Keine Ahnung was ich sagen sollt'.
So gern wollt' ich dich spür'n, berühr'n.
So gerne deine Nähe fühl'n.
so gerne deinen Atem hören,
deinen weichen Bauch – hmm,
mich in deine Haare wühlen,
dein Lächeln ganz nah seh'n.

März 2008

Dänemark

Du standest in der Tür.
Ich sah deine Augen.
In diesem Moment
war die Welt still.

Ich konnte mein Glück
überhaupt nicht glauben.
Doch das Leben
spielt nicht, wie ich es will.

Und so sagtest du,
dies sei dein letzter Abend.
So war es auch.
Du fuhrst nach Dänemark.

Wer schrieb den ersten Brief?
Kaum getraut zu sagen,
dass ich dich sehen will,
vielleicht, irgendwann.

Dann mit deinem Vater
zu dir gefahren.
Da standest du wieder
und lächeltest mich an.

Du hattest gesagt,
dies sei dein letzter Abend.
So war es auch.
Du fuhrst nach Dänemark.

Deine beiden Schuhe:
ein grüner und ein roter.
An mehr erinn're ich mich nicht,
total verwirrt.

Deine neuen Freunde:
Ich fühlt' mich aufgehoben,
von deinem dänischen Finger
so zart berührt.

Du hattest gesagt,
dies sei dein letzter Abend.
Das war geschummelt,
ich bin doch bei dir in Dänemark.

Kommst du zurück?
Ich wollte erst nicht fragen.
Dann dein Mund an meinem Ohr,
da hört man nicht gut.

Ich sehe dich vor mir,
höre dich sagen:
Vielleicht bleibe ich hier,
was wird dann aus uns?

Du hattest gesagt,
dies sei dein letzter Abend.
So war es auch.
Vielleicht seh'n wir uns in Dänemark.

April 2006

Der Deal

Bevor ihr eure Gläser hebt
und eure goldnen Füller zückt,
denkt vielleicht noch einmal nach,
bevor ihr euren Deal beschließt.

Im Wendland weiß man nichts von euch,
von wahren Plänen hin und her.
Wem ihr gehorcht und wem ihr dient,
wer hinter euren Worten grinst.

Blind, total taub
für die Schätze dieser Welt.
So seid ihr –
doch was tun wir?

Jedes Jahr rollt ihr das Gift,
das irgendwann die Leben frisst,
bewacht, beschützt in unser Land.
Über Leichen – so geht ihr.

Damals dort im Hüttendorf,
gaben die Bauern Brot und Milch
den Menschen, die wie einst David
den Goliath besiegen wollten.

Mehr, immer mehr
wird hier unser Land zerstört.
Doch gib deinem Feind einen K
reich ihm die Hand.

Blind, total taub
für die Schätze dieser Welt.
So seid ihr –
doch was tun wir?

Bevor ihr eure Gläser hebt
und eure goldnen Füller zückt,
denkt vielleicht noch einmal nach,
bevor ihr den Deal beschließt.

Juni 2006

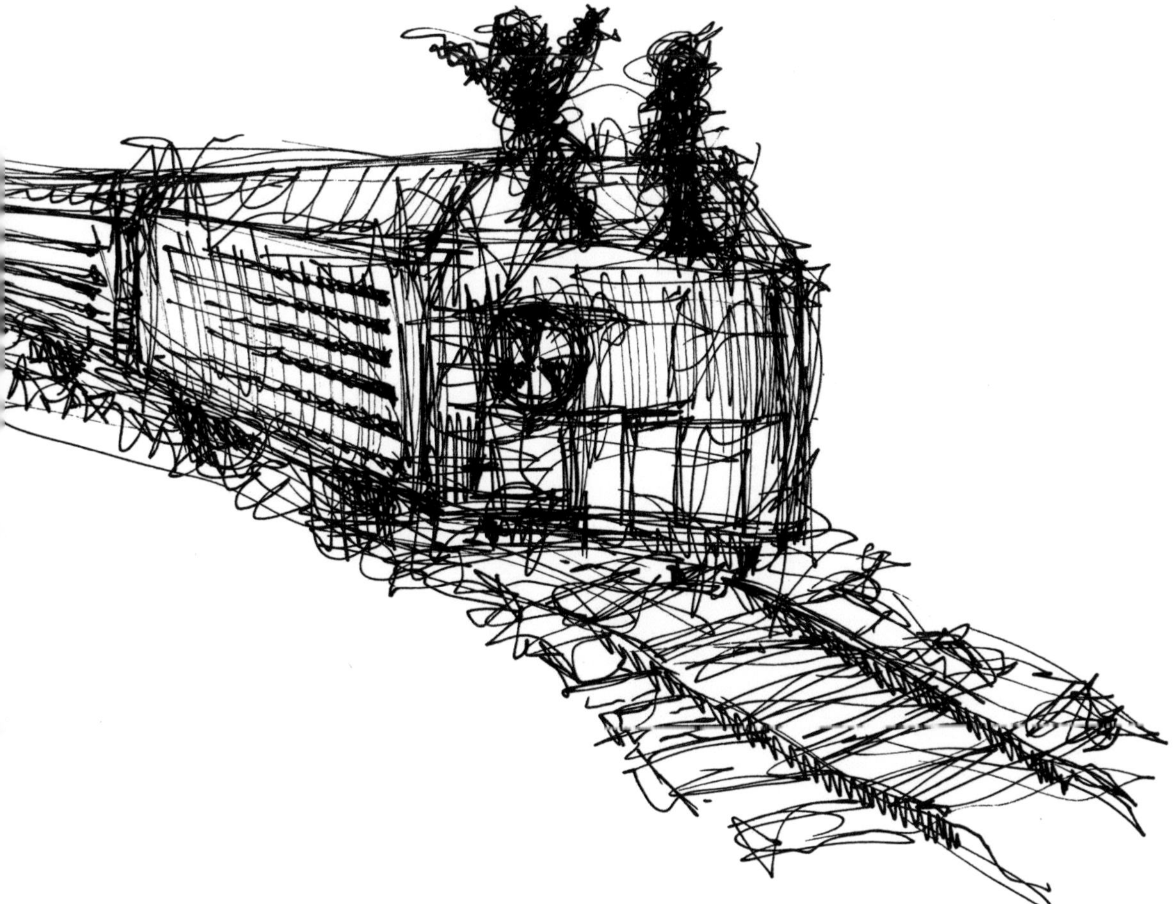

Der Retter

Ich steh in der Menge,
mitten in Berlin.
Hunderttausend Menschen
jubeln nur für ihn.
Hunderttausend Herzen,
alle eint die Sehnsucht,
schenken ihre Liebe
diesem starken Mann.

Große dunkle Geister
senken sich herab,
streichen über Köpfe,
drohen mit dem Grab.
Ich seh seine Augen:
unbeteiligt – kalt.
Grinsen hinter Blicken,
alles geht nach Plan.

Alle rufen:
Du bist neuer Präsident der Welt,
unser Retter, unser Held.

Ich höre seine Worte,
heilig scheinen sie:
Frieden allen Menschen,
es gibt nie wieder Krieg.
Ein Ende aller Zwietracht,
Drogen, Korruption.
Doch sterben sollen Feinde
vor seinem heil'gen Thron.

Lauter tönt die Stimme:
Alle müssen mit!
Alle müssen opfern!
Ich zeige euch den Weg.
Sein Kampf ist der unsre,
egal an welcher Front.
Er macht aus allen Sieger.
Waffen sind der Gott.

Und alle rufen:
Du bist neuer Präsident der Welt,
unser Retter, unser Held.

Er vollbringt nun Wunder,
ein weiser Mann der Tat.
Kanzler, Staatenlenker
fragen ihn um Rat.

Er bringt Energien,
Lebensmittel satt.
Dafür will er Kontrolle,
will alles abstrakt.

Und plötzlich sind die Dinge unverschiebbar.
Alles hart, niemand kann sich dreh'n.

Ich gehe aus den Zimmern,
hinunter an den Strand.
Sehe Menschen in den Kneipen,
sie treffen sich in Parks.
Suchen andre Menschen,
suchen ihre Kraft.
Hören auf die Worte:
Folgt nicht dieser Macht!

Und sie singen:
Du bist nicht der Präsident der Welt,
Du bist nicht der Retter, nicht der Held.

Dezember 2008

Dezemberlied

Wenn die Krähe in den Bäumen singt
und um Mitternacht die Sonne blitzt,
ruhen Sterne auf den Bergen,
auf den Dünen,
Engelhünen lagern am Meer.

Dann nimmt diese wirklich schöne Frau
einen Bettler in den Arm.
Ihre Küsse heilen Wunden,
lassen gesunden
unsre Rohheit, jegliche Gier.

Dann klopft dieses zarte starke Kind
leise an dein dunkles Haus.
Und du zündest an zwölf Kerzen,
holst deine Geige,
spielst ganz leise vergess'ne Weisen.

Wenn die Zeit da ist, lass ich mich los,
werde still, werde groß.
Werde weit, und ganz leicht ist das Herz.
Endlich ist er da.

Auch die Zeit selbst will nun stille sein.
Eine Tür fällt langsam zu.
Und aus diesem großen Schweigen
wollen Worte steigen,
sich Lieder zeigen, gesungen von dir.

Und da setzt ein großes Brausen ein.
Es tanzt der Bettler mit dem Kind.
Männer lieben ihre Frauen.
Wir alle trauen
uns, das zu schauen, was jetzt geschieht.

Wenn die Zeit da ist, lass ich mich los,
werde still, werde groß.
Werde weit, und ganz leicht ist das Herz.
Endlich ist er da.

November 2008

Die Diener des Feuers

Wenn die Diener des Feuers fertig sind
und wir endlich unsere Freiheit haben,
werden Schlachten wie zerrissne Tücher
in den Schränken der Irrenhäuser liegen,
und die trocknen Wunden bluten,
wird alles gut, dies sagt man uns.

Wenn die Diener des Feuers fertig sind
und wir alle unsere Süchte feiern,
werden wir mit roten Augen rufen
jene, die geduldig auf uns warten,
bestellt von den Dienern des Feuers,
wird alles gut, dies sagt man uns.

Und ich frag: Wie hältst du das aus?
Und du sagst: Nur mit unsrer Liebe.

Wenn die Diener des Feuers fertig sind
mit den Göttern und Engeln des Lichts,
werden sie die Kirchen niederreißen,
werden sie schwarze Messen feiern,

in weißen Gewändern.
Dann wird alles gut. Dies sagt man uns.

Wenn die Diener des Feuers fertig sind
mit den Reichen, den Armen, den Kranken,
mit Zweiflern voller Sehnsucht,
mit Denkern, die noch denken,
Fühlenden, die noch fühlen,
mit Müttern, die noch bemuttern,
und Vätern, die noch beschützen –

lachen wir trotzdem unser Lachen,
haben Macken, Ecken, uns're Zacken,
stehen gerade, wie unbehauen,
mit den Freunden, Männern, unsern Frauen.
Dann ist alles gut, alles ist gut.

Und ich frag: Wie hältst du das aus?
Und du sagst: Nur mit unsrer Liebe.

Dezember 2008

Diese Stadt

Diese Stadt sollte sterben,
so steht's in ihrem Plan.
Minarette sollen brennen,
alle Flüsse trocken sein.

Alle Menschen sollen hängen,
Fahnen gleich im heißen Wind.
Ihre langen weißen Kleider
zerfetzt ein fremdes Kind.

Schwarze Masken im Wald
tanzen ihr Ritual.

Viele, viele Jahre später,
niemand dachte an den Plan:
Diese Stadt wird verwüstet,
kalt, von hunderttausend Mann.

Alle Bücher in den Flammen,
Gemälde, Kelche, jeder Stein.
Ausgerissen unsre Wurzeln,
Gift und Hass die Straßen füllen.

Diese Stadt ist viele Städte,
diese Länder,
diese Flüsse,
und wir Menschen überall.

Dunkelhäut'ge dünne Männer
tief in Höhlen, Gräbern gleich.
Auf dem Boden vor sich Kerzen.
Ihre Waffen schimmern weich.

Weiße blasse dünne Männer
in Fabriken, Bunkern gleich.
Denken, schrauben, programmieren,
die Raketen glänzen weich.

Diese Stadt ist viele Städte,
diese Länder,
diese Flüsse,
und wir Menschen überall.

Warten auf den Brücken,
wer geht links, wer geht rechts?

Welche Städte sind die nächsten?
Welche Länder?
Welche Flüsse?
Welche Menschen überall?

Juli 2008

Du

So, wie du da liegst,
träumend im Bett.
Muss dich immer anseh'n,
kann gar nicht weg.

Könnt' dich immer küssen,
auf diesen wunderbaren Mund:
große feuchte Blume –
mmmmmh!

Könnt' dir immer zuhör'n,
wenn du mal nichts sagst.
Oder – mit deiner Freundin,
wenn du scheppernd lachst.

Wie du über mich kommst,
über mich kommst!

Zarte Blütendüfte,
darauf fährst du ab.
All der Luxuskrempel
macht dich sofort kalt.

Wenn ich singe, gehst du raus,
hast manchen Auftritt verpasst.
Schenkst mir neue Saiten,
hältst mich fest im Arm.

Ziehst den kleinen Rock an,
findest dich manchmal alt.
Adoptiertest alle Kinder,
wohnst am liebsten im Wald.

Wie du über mich kommst,
über mich kommst!

Du bist wunderbar,
aufregend klar.
Wunderbar,
mir so nah –
total bezaubernde Frau.

Wie du über mich kommst,
über mich kommst!

September 2007

Wann beginnt der Frühling?

Wir sprechen von Sommer, von Herbst, Winter, von Frühling, und wieder von Sommer. Wir definieren den Sommeranfang, indem wir ihm ein festes Datum geben, genauso den Herbstanfang, den Beginn des Winters und des Frühlings.

In der Natur, für deren Verständnis wir diese Zeit-Eckpeiler in unserem Gedächtnis verankert haben, geht es jedoch ganz anders zu. Lange, bevor es Herbst wird, bevor die Stürme kommen, die Blätter fallen und die Birken sich säubern, beginnt die Luft anders als sonst zu riechen. Es kann passieren, dass man morgens aus dem Haus tritt und in diesem frischen Wind, wie hingewischt, vollkommen unvermittelt, einen Hauch von Scharfheit und eine kleine Kühle spürt. Dies dauert einen Moment lang, danach ist die Irritation vorüber, und – häufig sogar für Wochen – bleibt alles beim alten. Aber wer das Glück hatte, diese kleine Veränderung in der Atmosphäre mitzubekommen, weiß, dass die Tage des Sommers gezählt sind.

Genauso sind die Übergänge zwischen den anderen Jahreszeiten. Mitten im Winter, wenn der Frühling noch fern ist, wenn die meisten Menschen auf Schnee hoffen und sich innerlich darauf einstellen, noch ein, zwei Monate Kälte aushalten zu müssen, wenn manche darüber fast verzweifeln, fast depressiv werden und selbst die Aufforderung ignorieren, innerlich nach Wärme, nach Herzenswärme zu suchen, wenn andere in dieser Zeit glauben, nach Jamaika oder Florida in die Sonne fliehen zu müssen – mitten in dieser auf Kälte und Rückzug konzentrierten Zeit beginnt bereits das neue Leben. Es zeigt sich in winzigen Blattknospen an wenigen Sträuchern: In größter Kälte entwickeln sie die Kraft zur Geburt des Frühlings. Das Pendel des Winters ist noch nicht auf seiner äußersten Position angekommen, die Kontraktion der Strukturen hat noch nicht ihren Extrempunkt erreicht, da ist in ihr bereits der Keim zur Expansion entstanden.

Ein Keim. Winzig, kaum wahrnehmbar. Und doch mit so viel Kraft ausgestattet! Er trägt die Information des neuen Wachstums in sich und meldet diese an alle anderen Zellen im Strauch, im Baum nebenan, im Gras, in anderen Pflanzen, die alle wiederum die Information weitergeben, jede für sich, alle zusammen, eine gewaltige Rolle rollt, ein Wind geht durch den Wald, eine für uns Menschen nicht begreifbare energetische Bewegung.

Was wissen wir schon.

Einfach zum Reden

Als ich sie sah,
wusste ich gleich:
Mit der kannst du – reden.

Augen so groß,
Mund so weich.
Interesse am Leben.

Ihre Haare war'n rot,
Beine so lang:
Mit der kannst du – reden.

Sie drehte sich um,
grinste mich an:
An der bleibste kleben.

Drei Nächte lang konnte ich nicht schlafen.
Ich dachte, das läge ganz allein an ihr.
Wüste Träume machten mir zu schaffen.
Schweißgebadet stand ich neben mir.

Keiner rief: Stop,
sieh noch mal hin! Nein!

Allein' wollt' ich's machen.
Und so fuhr ich dann los,
sie stieg flink ein,
und zeigte mir Sachen,

die sie draufhatte.
Und auch das Darunter.
Ich fing an zu schmachten

nach diesem Weibe.
Wo blieb das Reden?
Ich wollt mich verachten.

Wochenlang konnte ich kaum schlafen.
Rannte weg – war trotzdem voller Gier.
Ich war ausgesogen, ausgekotzt, besoffen.
Keine Kraft mehr – ich war ziemlich außer mir.

Irgendwann verlor ich mein Bewusstsein.
Fiel ins Koma, schwer verletzt.
Ein Freund verschrieb mir täglich zwei Liter Roten.
Nach sechs Monaten war ich gesundet.

Was kommt nach dem Unten?
Wo ist der Boden?
Du musst all das leben!

Mitten hindurch,
kannst dir nix sparen,
nicht davonsegeln.

Vielleicht kommst du klar
mit dir ganz allein.
Du musst dich verstehen.

Vielleicht hast du Glück
triffst mal 'nen Menschen –
ganz einfach zum Reden.

Oktober 2008

Erinnerung

Du kennst den Weg zwischen Feldern.
Du liebst die Straßen zum Strand.
Du weißt, wie Wiesen duften.
Du weißt, wie Erde riecht
und wie ein Kaltblut auf ihr läuft.

Der hohe Himmel über Bäumen,
so groß, wie Gedanken weit.
Du hörtest nachts Eulen träumen
und angstvoll Hunde heulen,
du wusstest vom Biber am Fluss.

Manchmal kommt die Erinn'rung ...

Du kennst die vielen kleinen Dörfer,
in die nie ein Fremder kam.
Du trägst in dir die Höfe,
die so groß sind wie ein Dorf
und so reich wie eine Stadt.

Du weißt, was es heisst zu sorgen
für den Menschen, für das Tier.
Für die Erde, für die Flüsse,
für das Meer, aus dem die Sonne steigt,
und den Baum, in dem der Nebel wohnt.

Manchmal kommt die Erinn'rung ...

Heimat, Heimat:
viel zu schön für Selbstsucht, falsche Sehnsucht.
Führer, Verführer wie sie.
Fast zu groß für Worte. Orte
in jedem seit jeher in uns.

Tränen auf den Gesichtern,
erschüttert unser Gemüt.
Wir stehen vor diesen Gräbern,
die nie ein Mensch versteht,
von Toten, die keiner mehr kennt.

Am Friedhofstor lachen Herren
mit ihren Huren im Arm.
Sie haben sich grad geeinigt,
welche Wege ihre Truppen nehmen
und wer bekommt heut welches Land.

Manchmal kommt die Erinn'rung ...

Heimat, Heimat:
viel zu schön für Selbstsucht, falsche Sehnsucht.
Führer, Verführer wie sie.
Fast zu groß für Worte. Orte
in jedem seit jeher in uns.

November 2008

Erste Liebe

Er lernte sie kennen,
er war erst zwölf.
Sie war ein Stück größer
als er selbst.

Als er sie sah
lachten die Wolken blau.
Und aus der Sonne
trat ein riesiger Pfau.
Als er ihr davon erzählte,
sagte sie: Ich hab's geseh'n.
Von da an wussten sie,
dass alles klar geht.
Dass das Herzklopfen
genau richtig ist.

Erste Liebe:
einmalig groß.
Erste Liebe
lässt uns nie los.

Er wohnte in Frankfurt,
sie in Berlin.
Sie schrieben sich Mails.
Wie kann man sich seh'n?

Dann in den Ferien
am gleichen Ort
standen sie sich gegenüber,
keiner wollt' fort.
Sie weiß noch, wie sie damals weinte,
er kam sich total hilflos vor.
Sie machten ein Feuer
mitten im Wald.
Sie schworen sich Treue
und küssten sich zart.

Erste Liebe:
einmalig groß.
Erste Liebe
lässt uns nie los.

Und wenn sie heute an die Zeit denkt,
kneift sie ihn zart in seinen Arm.

Erste Liebe:
einmalig groß.
Erste Liebe
lässt uns nie los.

März 2008

Gartenparty

Du kommst auf diese Party,
die rote Brille im Haar.
Dein Sommer ist vorüber,
dein Winter noch nicht da.

Dein Blick klebt am Spiegel,
so lässig ist dein Schritt.
Und tatsächlich: Die Frauen
gehen alle mit.

Keiner weiß, woher du kommst,
du warst schon immer da.

Du bist so cool!
So cool!
Egal, was du tust,
du bist gut.

Du thronst an deinem Schreibtisch,
du sitzt an deiner Bar.
Du säufst nur Whiskey aus Schottland.
Die Schrothkur jedes Jahr.

Deine Frau darf mitfahr'n,
Golf spielen darf auch sie.

Hast du mal ’ne and’re,
macht sie die Therapie.

Keiner fragt, wie das geht,
am wenigsten fragt ihr.

Du bist so cool!
So cool!
Egal, was du tust,
du bist gut.

Du hast deine Firma –
oder hat sie dich?
Du giltst als ein Entscheider –
entscheiden kannst du nicht.

Hast zu lang gezögert,
zu groß war die Gier.
Niemand wird’s erfahren.
Vor den Scherben stehen wir.

Keiner weiß, wie viele es
von deiner Sorte gibt.

Ihr seid so cool!
So cool!
Egal, was ihr tut,
ihr seid gut.

August 2008

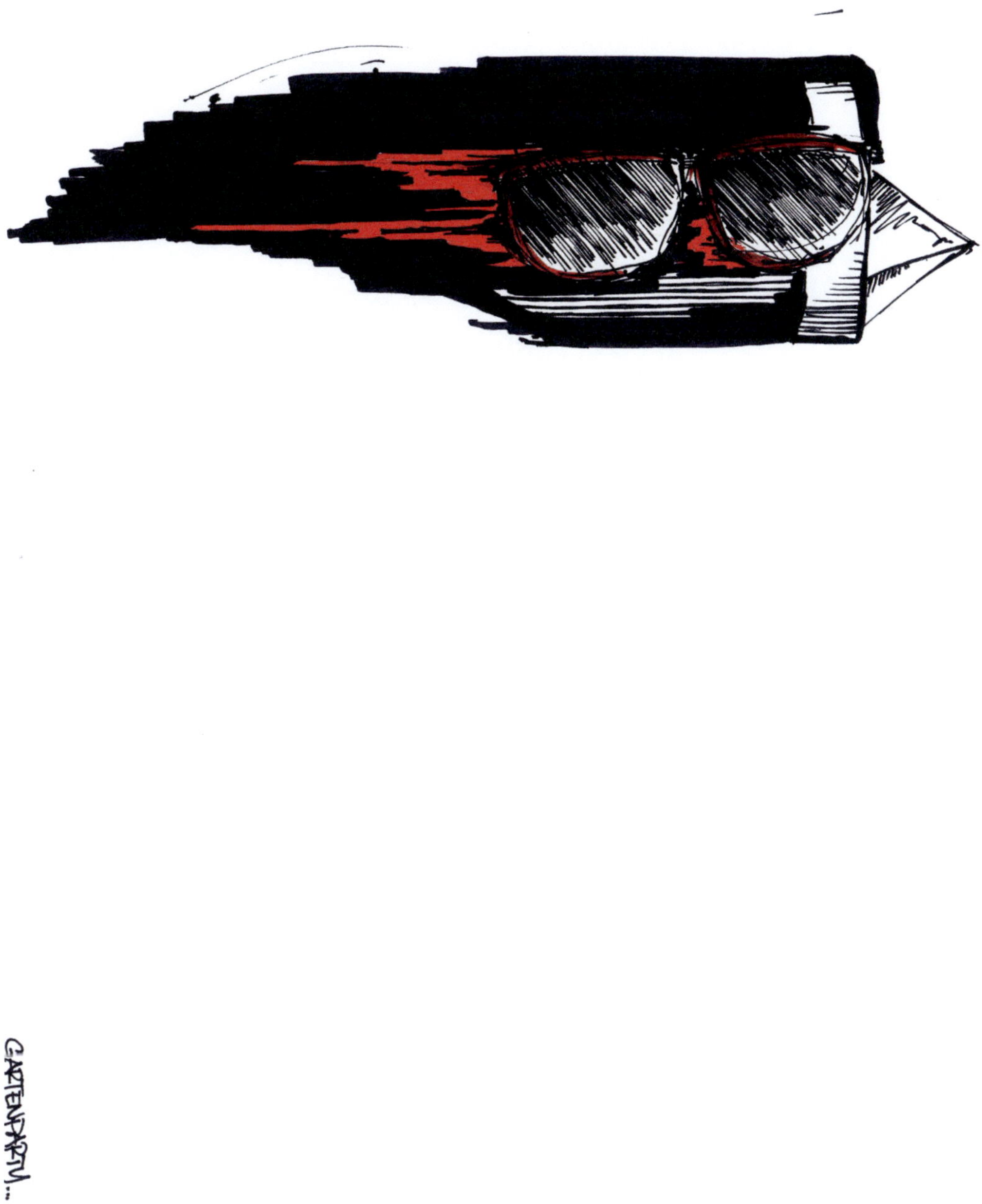

Gaza

Esther, wo ist dein Sohn?
Eva – dein schöner Mann?
Adam – dein starker Vater
holt sein Gewehr
und fährt nach Gaza.

In Gaza ein heißer Tag.
Ein Land – hinter der Wand.
Phosphor-Bomber bringen den Tod,
und die Welt dreht sich um.

Gaza feiert den Hass,
kämpft mit aller Kraft.
Und jeden Tag stirbt sein Kind,
wieder den Feind nicht besiegt.

Esther, wo ist die Tochter?
Eva – die alte Mutter?
Adam – dein schönes Mädchen
in Uniform
fährt nach Gaza.

Wo ist der Weg,
wer hat den Mut
uns zu suchen und zu finden,
und zu lieben.

Christus küsste die Wüste,
Erde, die uns verbindet.
Er wusste, was geschieht
in 2000 Jahren
in diesem Gebiet.

Dort, wo's am härtesten ist,
dort, wo das meiste Blut fließt,
dort, wo die Männer weinen,
weil sie verstehen,
dass Töten tötet:

Dort brauchen wir Liebe,
dort werden wir finden
den andern in den Städten von Gaza,
in Israels Schulen,
in seinen Kasernen.

Wo ist der Weg,
wer hat den Mut
uns zu suchen und zu finden,
und zu lieben.

Liebe will Mut.

März 2009

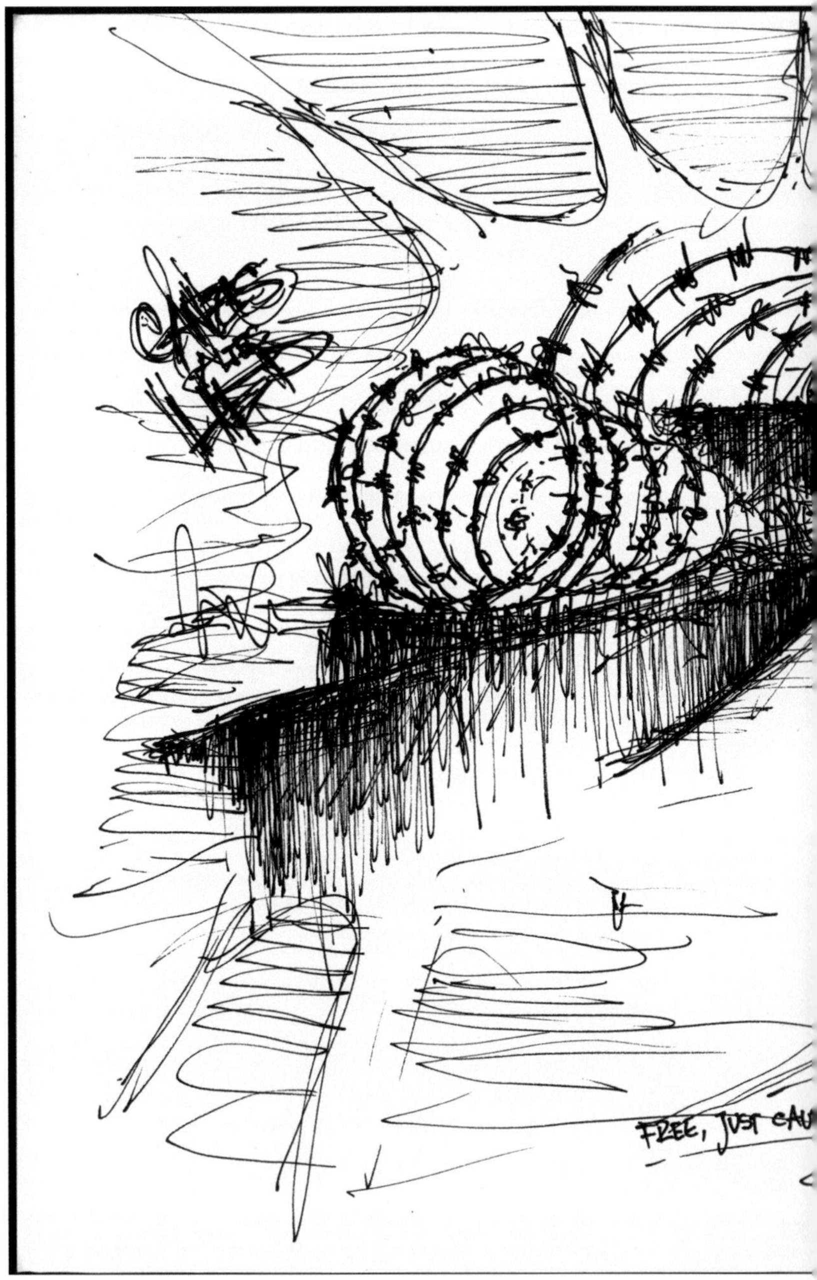
FREE, JUST CAU

G!?

Geheimnis

Die Zeit erzählt' mir,
lächelnd und leis,
zwischen Traum und Tag
im Birkenhain,

Worte wie Tau,
still, zum Behüten:
Worte an Bäumen,
in blauen Blüten.

Es gibt mich nicht wirklich,
ich bin nur ein Traum.
Ich bin nur ein Niemand,
verkleidet in Leben,
gehauen in Stein,
und doch ohne Raum.

Man zeichnet auf Uhren
Bilder von mir.
Man nennt mich den Fluss.
Doch Wasser ist Wasser,
und Bilder sind Bilder.
Und was ist die Zeit?

Die Zeit traf mein Herz.
Was ist der Raum?
Auch er ist nicht wirklich,
auch er nur ein Traum?

Kann man's erklären?
Man kann's nicht versteh'n.
Der Geist ist empört,
verwirrt – und wird still.

Es gibt sie nicht wirklich,
sie ist nur ein Traum.
Sie ist nur ein Niemand,
verkleidet in Leben,
gehauen in Stein,
und doch ohne Raum.

Man zeichnet auf Uhren
Bilder von ihr.
Man nennt sie den Fluss.
Doch Wasser ist Wasser,
und Bilder sind Bilder.
Und was ist die Zeit?

Gute Jahre

Wir hatten nur einen Tag.
So fühlt es sich an.
Das Gestern fern, das Morgen weit.
Du bleibst immer da.

Peter ist ein alter Freund von mir.
Ich hatt' ihn lange nicht geseh'n.
Gestern nacht kam er her,
und sagte – wie so oft: „Lass uns geh'n.
Komm, lass uns geh'n."

Peter lächelte und rauchte still.
Er stand dort – neben meinem Bett.
Sein Motorrad blubberte leis,
die Freundin drückte ihn fest.
Sie drückte ihn fest.

Es waren gute Jahre.
Eine gute Zeit!
Das Gestern fern, das Morgen weit.
Dazwischen silbrig-hell.

Wir lebten langsam, wir sprachen viel:
die Frauen, das Leben – das Bier.
Mal warst du vorn und mal ich.
Freunde blieben wir.
Freunde blieben wir.

Peter, uns're Zeit ist längst vorbei.
Inzwischen hast du viel gemacht.
War's nur faktisch, oder mal ganz schräg?
Hast du auch wie früher gelacht?
Hast du auch herzhaft gelacht?

Es waren gute Jahre.
Eine gute Zeit!
Das Gestern fern, das Morgen weit.
Dazwischen silbrig-hell.

Geht's dir gut in dieser andern Welt?
Sie ist uns näher, als man meint.
Nimm dieses Lied, ich sing's für dich!
Vielleicht ist es, was uns beide eint.
Genau das, was uns alle eint.

Vielleicht erzählst du uns noch mehr von dir.
Vielleicht schweigst du auch still.
Wissen solltest du: Hier gibt's noch ein paar,
die denken immer mal an dich.
Wir denken immer mal an dich.

Es waren gute Jahre.
Eine gute Zeit!
Das Gestern fern, das Morgen weit.
Dazwischen silbrig-hell.

November 2008

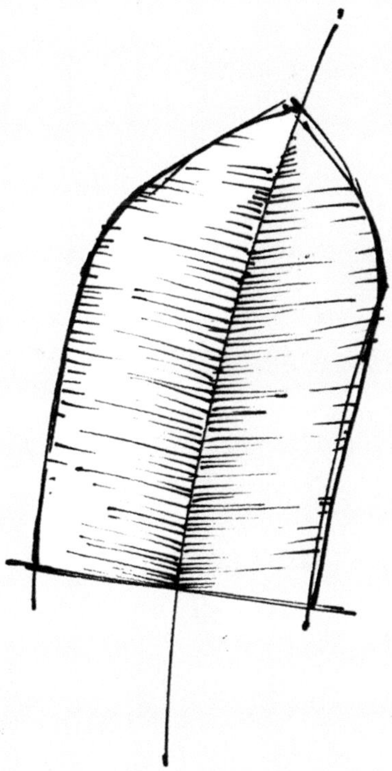

In diesem Wind

In diesem Wind liegt noch der Sommer,
der Herbst muss warten auf die Nacht,
in der der Tau kommt auf die Blätter,
Regen fällt aufs Land,
und der Wind wird schwer.

Noch glänzen Farben in der Sonne,
Vögel sitzen faul umher.
Mädchen zeigen Beine,
essen satte Feigen.
Und ihr Blick erzählt:

Von diesen Rüden an der Ecke,
von glatt rasierter feuchter Haut.
Von milder Luft im Wald,
modrig-kühlem Moos.
Bei diesen Rüden ist was los!

Dunkler Wein in unsern Gläsern,
meine Hand auf deinem Bauch.
Ich hör die Freunde lachen,
rufen unsre Namen.
Und die gelbe Rose welkt.

Du ziehst mich hinten auf die Kissen,
und deckst mich zu mit deinem Haar.
Wir lieben diese Zeiten
des süßen lauen Nichtstuns,
wo niemand uns finden kann.

An der Ecke steh'n noch die Rüden,
erzählen von nasser glatter Haut.
Von Leben an den Flüssen
Vom Schweiß in ihrem Hemd.
Junge Hunde, wie man sie kennt.

Deine Hand zieht kleine Kreise
unterm Hemd auf meiner Haut.
Deinen Geburtstag ganz vergessen,
du schenkst mir dein Lächeln.
So ein Glück!

In diesem Wind liegt noch der Sommer,
der Herbst muss warten auf die Nacht
mit ihrer Luft gewebt aus Tau
und ihrem dunklen Lichtermeer
im ewigen Raum.

September 2008

In meinem Traum

In meinem Traum
hab ich sie geseh'n,
hab ich sie gehört,
gespürt und berührt.

Hände so alt,
Herzen so kalt,
Stiefel so schwer,
Lachen so falsch.

In diesem Traum
roch ich den Hass,
fror in der Wut
aus ihrem Mund.

Und in diesem Traum
liegen wir am Strand,
fühl ich uns lieben,
die Haut voller Sand.

In dieser Zeit,
in diesem Traum
rettest du mich
vor all dem Grau'n.

Und in meinem Traum,
morgens um vier,
kommen die Menschen,
sprechen mit mir.

Kommen die Guten,
zeigt sich die Fratz'.
Wollen sie streiten
um ihren Platz.

Die Fratz' bläst sich auf,
groß wie ein Tier.
Ich kenne den Sieger,
er ist das Genie.

Und in diesem Traum
liegen wir am Strand,
fühl ich uns lieben,
die Haut voller Sand.

In dieser Zeit,
in diesem Traum
rettest du mich
vor all dem Grau'n.

Mai 2008

in meinem traum

Irgendwann

Irgendwann werd ich dich wiederseh'n,
irgendwann.
Und du wirst die eignen Wege geh'n,
irgendwann
wirst du an einer Straße steh'n,
wahrscheinlich nicht allein.
Vielleicht willst du mich gar nicht seh'n.
Und kannst du dich noch freu'n?

Du kämmst dein Haar zurück,
dann hebst du deinen Blick,
und ziehst den Mantel an,
stellst deinen Kragen auf,
das weiße Hemd blitzt raus.

Dein Titel rettet dich,
das meinst du wirklich.
Doch du sagst ganz cool:
Ich weiß, das ist nicht so,
und dabei grinst du.

Und alles in dir rebelliert,
gegen das, was dir passieren könnte.
Und wenn du nicht mehr kontrollierst,
passiert das, was dir passieren könnte.

Da siehst du diese Frau,
beobachtest genau,
auch wenn du warten musst
machst du deine Show,
du weißt: Das kommt gut.

Und wenn du sie dann hast,
wird sie eingemacht,
in deine Welt geholt.
Dann darf sie dir zuhör'n
und nicht mehr tanzen geh'n.

Und alles in dir rebelliert
gegen das, was dir passieren könnte.
Und wenn du nicht mehr kontrollierst,
passiert das, was dir passieren könnte.

Und wenn du genau dort bist,
wo man die Fahne hisst,
für dich und deinen Weg,
vielleicht blickst du dich an –
doch wenn da niemand ist?

Kämmst du dein Haar zurück?
Und hebst du deinen Blick?
Ziehst deinen Mantel an?
Stellst deinen Kragen auf?
Blitzt das Hemd noch raus?

Und alles in dir rebelliert,
gegen das, was dir passieren könnte.
Und wenn du nicht mehr kontrollierst,
passiert das, was dir passieren könnte.

Irgendwann werd ich dich wiederseh'n,
irgendwann.
Und du wirst die eignen Wege geh'n,
irgendwann
wirst du an einer Straße steh'n,
wahrscheinlich nicht allein.
Vielleicht willst du mich gar nicht seh'n.
Und kannst du dich noch freu'n?

Juli 2006

Italienisch

Italienisch ist wie roter Wein,
einst berührt von Götter Hand,
der tief aus dunklen Kellern kommt,
hoch in Wolkenschiffen fährt,
so alt und jung zugleich.

Worte auf den Häusern liegen.
Weiche Lippen auf dem Stein.
Zarte Engel im Relief.
Balkone aus Granit, gehau'n
von grazilen Frau'n.

Wer kann begreifen diesen Zauber,
der in einem Hauch des Südens liegt?
Wo die Luft ist schwanger von den Feigen,
Eidechse auf den Steinen kriecht.

Lehr mich singen diese Sprache,
lehr mich lieben diesen Mensch!
Lehr mich seh'n in diese Augen.
Lehr mich lieben diesen Menschen.

Warme Winde in die Kirchen weh'n.
Kerzen niemals hier verglüh'n.
Kreuze mahnen von der Wand,
Marmor kühlt das Herz, so krank,
Glocken läuten ernst.

Männer sitzen rauchend vor der Bar,
schwarzer Tabak klebt in ihrem Bart.
Mädchen tragen Weihrauchduft.
Schöne Frauen lieben sich allein,
stark sind sie zu zwein.

Wer kann begreifen diesen Zauber,
der in einem Hauch des Südens liegt?
Wenn die Luft ist schwanger von den Frauen,
Schlange auf den Steinen kriecht.

Lehr mich singen diese Sprache,
lehr mich lieben diesen Mensch!
Lehr mich sehn in diese Augen.
Lehr mich lieben diesen Menschen.

Italienisch ist ein roter Wein.
Männer trinken ihn und sind vereint.
Manche trinken ihn und werden still,
trocknen ihre Tränen schnell,
die keiner sehen will.

November 2008

Keine Antwort

Egal wer fragt –
wir geben keine Antwort.
Alles stumm,
es gibt kein Pass-
wort. Keinen Namen:
Wir sind nicht da.
Keinen Namen,
wir sind nicht da.

Wir bestimmen,
wie gedacht wird.
Was ihr denkt,
ist egal, und gleich-
gültig sitzt ihr da,
glaubt, was ihr hört.
Ihr sitzt da,
glaubt, was ihr hört.

Niemand weiß, wer wir sind,
wie wir leben.
Keiner sieht das Brandmal
überm Auge.
Niemand kennt unsre Frau'n,
uns're Kinder.

Wir haben sie gestempelt
hinterm Kopf.

Unser Auftrag
führt ins Dunkel.
Unser Blut
kommt dort h(H)er-
kunft is the key
To our society.
Is the key
to our society.

Niemand weiß, wer wir sind,
wie wir leben.
Keiner sieht das Brandmal
überm Auge.
Niemand kennt unsre Frau'n,
uns're Kinder.
Wir haben sie gestempelt
hinterm Kopf.

Wir glauben an die Schönheit des Geldes.
Wir lieben die Bruderschaft der Macht.
Wir hoffen auf die Ankunft des Feuers.

Wir beten täglich dafür.
Wir blenden mit der Reinheit unserer Bomben.
Wir locken mit der Schminke auf der Wahrheit.
Wir sagten dir,
wir gehör'n zu ihnen.
Du lachtest nur,
lachtest nur, lachtest nur,
lachtest nur – und jetzt weinst du.

Niemand weiß, wer wir sind,
wie wir leben.
Keiner sieht das Brandmal
überm Auge.
Niemand kennt unsre Frau'n,
uns're Kinder.
Wir haben sie gestempelt
hinterm Kopf.

Juni 2008

Langsamer Morgen

Langsames Leben am Morgen.
Die Sonne blinzelt durch den Wald.
Ein Vogel singt von seiner Liebsten.
Und Muck bewegt die Zweige leis.

Ein Freund ruft an aus Südfrankreich:
Das Meer ist warm, der Wein schmeckt gut.
Ein andrer erzählt von seinem Baby:
Ein neuer Mensch ist auf der Welt.

Dieser Morgen meint es gut,
so gut mit mir.
Fühl mich neu geboren,
neu geboren in mir.

Ein Flugzeug zieht seine Linie.
Hunderttausend Leute unterwegs.
Die Zeitung schreibt über Amy Winehouse.
Und wieder stürzt der Dollar ab.

Doch wie geht es wirklich Amy Winehouse?
Und wie geht es wirklich dir?
Und willst du wirklich über mich was wissen?
Und warum fragst du nicht nach mir?

Der Hund liegt hinter mir im Schatten
und hört genau hin, wie ich sing'.
Ein Specht segelt über diese Wiese.
Eine Taube gurrt vor sich hin.

Dieser Morgen meint es gut,
so gut mit mir.
Fühl mich neu geboren,
neu geboren in mir.

Ich wünsch mir dich an diesem Morgen.
Ich wünsch mir dich in jeder Nacht.
So viele Wege muss man allein geh'n.
Komm, ich halte deine Hand.

Lederhemd

Bist geboren aus dem Regen.
Deine Wolken wiegen schwer,
Regenbogen in den Augen
Niemand weiß, wo kommst du her.

Lebtest lange in den Wäldern,
tief vergraben unterm Gras.
Eines Tages er dich weckte.
Hattest ihn danach gefragt.

Und nun stehst du hier in deinem Lederhemd
und dem Band im langen Haar.
Und du singst Gedichte in den Abendwind,
und du lachst so wunderbar.

Keine Hand, die dich je hielte,
kein Mensch konnte nah dir sein.
Selbst in deinen schlimmen Nächten
bliebst du lieber allein.

Doch als der Wind
ging durch den Wald,
führte dein Weg
dich her zu uns.

Morgen bist du schon verschwunden,
bist zerstreut ins Weltenall.
Deine vielen neuen Farben
sehen Menschen überall.

Gestern standest du im Lederhemd
und dem Band im langen Haar.
Noch immer singst du Lieder in den Abendwind,
und du lachst so wunderbar.

Und als der Wind
ging durch den Wald,
führte dein Weg
dich her zu uns.

Mai 2008

Leo

Dieser Hut aus Leopardenfell
hatte es mir angetan.
So was sieht man nicht so schnell,
noch dazu in dieser Stadt.
Dann diese Augen,
tief wie ein Bergsee
und mindestens genauso kalt.
Mindestens genauso alt.
Und ich war sofort verknallt.

Cool sein, sagte ich zu mir.
Sieh nicht auf die weiße Haut.
Nicht auf die Haare, nicht auf den Po,
nicht auf diese hochhackigen Schuh'.
Doch dieses Lächeln:
so voller Sehnsucht!
Baby, ich kann dich versteh'n!
Du willst sowieso mit mir geh'n!
Das hab ich sofort geseh'n!

Leo, Leopard,
du lässt nie was aus.
Doch, schöner Leopard,
irgendwann schleichst du nach Haus.

Dein Tattoo auf dem Rücken,
dieses schöne wilde Gesicht,
schlängelt über deine Haut.
Ich will wissen, will schmecken, wie es riecht!

Jagen gehst du immer gern,
darin sind wir uns gleich.
Doch manchmal ödet es mich an,
manchmal bin ich ganz weich.
Und was tust du?
Trittst mir in den Rücken!
Womit habe ich das verdient?
Du hast alles von mir gekriegt.
Ich glaub, ich hab dich wirklich geliebt!

Leo, Leopard,
du lässt nie was aus.
Doch, schöner Leopard,
irgendwann schleichst du nach Haus.

Februar 2008

Liebesgrund

Du liegst im Liebesgrund
im Sonnenschein. Neben dir dein Hund.
Deine Spinnweb-Haare,
der Hut, der dünne Bart.
Die Freundin lächelt,
küsst dich zart.

Blaue Wolken überm grünen See.
Türkenjungs auf Decken trinken Bier.
Spielen mit ihren Mädchen,
fragen dich nach der Zeit.
Dein Herz schlägt schneller,
es tut dir leid.

Langsames Leben,
komm, fang mich ein.
Schönes cooles Leben,
lass mich einfach sein.

Im Gras schläft Glatze, alle kennen ihn,
früher ein Nazi, heute stramm links.
Ruft: Türken raus aus Deutschland.
Ein Punk hört das und meint

Zu seinen Kumpels: Jungs, it's Partytime!
Der Mond mit mildem Licht,
Wind leise durch Blätter zieht.
Das Feuer ist erloschen.
Du schmust. In deinem Arm
die Freundin,
nah und warm.

Langsames Leben,
komm, fang mich ein.
Schönes cooles Leben,
lass mich einfach sein.

Mai 2006

Lied des Bäckers

Es gibt Korn auf dem Feld
und Wasser im Fluss,
Salz in den Kellern
und Arbeit genug.

Doch wo bleiben all die Freunde?
Ihre Worte, ihre Lieder?

Auf dem Tisch steht ihr Krug
und hat kein Wasser.
Dort sitzt eine Frau,
die wir nicht kennen.
Wir schleichen hinaus
und fallen auf die Knie.

Herr, gib uns diese große Kraft,
die uns alles dies tragen hilft.
Wachsam sind wir, wollen gerade steh'n,
wie die Bäume mit dem Winde geh'n
durch die Zeit.

Wir tun unsre Arbeit,
wir machen sie gut.
Manchmal sind wir ratlos
und wissen nicht warum.

Diese immer gleichen Worte!
Und all die Lügen!

Der Bäcker winkt und sagt:
Packt an!
Wir brauchen euch, der Ofen
ist warm.
Wir danken dem Bäcker –
doch wir danken uns.

Herr, gib uns diese große Kraft,
die uns alles dies tragen hilft.
Wachsam sind wir, wollen gerade steh'n,
wie die Bäume mit dem Winde geh'n
durch die Zeit.

August 2008

Maria

Maria an der Bar macht den Espresso,
Maria an der Bar schäumt die Milch.

Maria an der Bar blickt in den Spiegel.
Dort zieh'n die Wolken über den See.

Maria raucht den scharfen Zigarillo,
nimmt ihr Kopftuch ab. Sie denkt an ihn.

Unten legt das Schiff an,
bringt Zitronen,
Fische, Wein und Bier.
Es winkt ein Mann.

Marias Lächeln strahlt wie kleine Blüten,
draußen fährt ein Bus, die Tür geht auf.

Ihre braunen Haare wehen im Wind,
ihr Geliebter flüstert: „Komm."

Auf die Vespa
runter an den Strand.
Auf der Haut der kühle nasse Sand.

Maria an der Bar macht den Espresso,
Maria an der Bar schäumt die Milch.

Ihre braunen Haare wehen im Wind,
ihr Geliebter sagt nur: „Komm."

Auf die Vespa
runter an den Strand.
Auf der Haut der kühle nasse Sand.

Januar 2007

NAH

Auch wenn du gehst,
bleibst du da. So nah.
So nah.

Deine Zigaretten am Klavier,
deine Worte in unsern Ohr'n.
Deine Ungeduld ist uns gar nicht so fern.
Dein Schimpfen hören wir manchmal sehr gern.

Guter Freund, mein guter alter Freund!
Wo bist du hin?
Wo bist du hin?

Auch wenn du gehst,
bleibst du da. So nah.
So nah, bist du da.

Deine Bücher warten hier.
Mit den Comics gehe ich ins Bett.
Hinter jedem Blödsinn seh ich dein Gesicht.
Wie hast du das geschafft?, frag' ich mich.

Guter Freund, mein guter alter Freund!
Wo bist du hin?
Wo bist du hin?

Auch wenn du gehst,
bleibst du da. So nah.
So nah, bist du da.
So nah.

Juni 2007

Abschied

Sie war gestorben. Irgendjemand aus dem Krankenhaus, aus der 500 Kilometer entfernten Kleinstadt, rief an.

„Ihre Mutter ist tot."

„Was? Wann!?"

„Vor einer halben Stunde."

„Warum rufen Sie jetzt erst an?"

„Wir haben auch unsere anderen ..."

„Wie ist sie gestorben?"

„Sie ist eingeschlafen."

„War jemand bei ihr?"

„Tja, wissen Sie, wir haben hier sehr viel zu tun. Wir sind auf der Intensivstation ... Ihre Mutter war ruhig."

„Kann ich sie noch sehen?"

„Ja sicher. Wir lassen sie hier liegen, bis Sie da sind."

„Ich brauche so vier, fünf Stunden."

„Ja, lassen Sie sich Zeit. Ihre Mutter bleibt hier so lange liegen."

Sie war erst seit ein paar Tagen auf der Intensivstation. Es lag eigentlich nichts Ernstes vor, keine schwere Krankheit. Der Notarzt hatte sie – zur Sicherheit, wie er sagte – aus ihrem Haus im Dorf ins Krankenhaus in der nächstgelegenen größeren Stadt einliefern lassen. Dort könne man sie beobachten und sie wieder aufbauen. Sie habe sich in der letzten Zeit ziemlich schlecht ernährt.

Und wir? Wir hatten alles dies gehört und versucht, uns mit dem Gedanken vertraut zu machen, dass sie wahrscheinlich immer schwächer werden und irgendwann sterben würde.

An dem Tag, als der Anruf kam, musste ich schnell noch ein paar Dinge im Büro abschließen, Leute vertrösten, Termine und Jobs verschieben. Es war klar, dass, wenn ich einmal unterwegs war, es dort, im Dorf meiner Eltern, viele Dinge zu organisieren gab. Das würde einige Tage dauern. Der Tod und – viel mehr noch! – die rund um ihn arbeitenden Menschen – setzen eine Maschinerie in Gang, der man sich nicht entziehen kann. Man kann versuchen, sich einzuklinken und ihr den eigenen Takt zu geben. Meistens gelingt dies nicht.

Ich fuhr, so schnell es der dichte Verkehr erlaubte. Es war Januar, und der Winter hatte Deutschland fest im Griff. Die ersten 100, 150 Kilometer flogen vorüber. Ich habe keine Erinnerung mehr daran. Nach wie vor lagen die Temperaturen um den Gefrierpunkt, das Wetter war freundlich. Ein klarer heller Wintertag.

Dann jedoch veränderte sich etwas. Langsam, während das Auto Kilometer um Kilometer abspulte, während der lockere Fahrzeugstrom, in dem wir alle schwammen, gleichmäßig nach vorn drängte, während uns auf der anderen Fahrbahn nur wenige Autos entgegenkamen, glitten wir in diese andere Umgebung hinein. Wie in eine neue Ort- und Zeitzone. Die Luft, eben noch hell und durchsichtig, wurde grau. Sie blieb bis zu einem gewissen Grad transparent, wurde also nicht trübe und milchig wie bei Nebel, sondern änderte zunächst ihre Farbe zu einem hellen Grau. Gleichzeitig wurde es kälter. Obwohl ich im warmen Auto saß, wusste ich, dass die Temperaturen sanken. Sicherlich blickte ich zwischendurch mal aufs Thermometer, das die Außentemperatur anzeigte, tat aber dies nur zur Bestätigung meines Gefühls. Aber fühlte ich es tatsächlich? Ich saß in einem warmen Sessel. Woher konnte ich wissen, dass es kälter wurde?

Es war ein fast unmerklicher Prozess. Ich schaltete das Licht ein.

Um mich herum glitten Paare von Schweinwerferpunkten vorwärts, hin und wieder einer etwas schneller als andere. Es blieb hell.

Ich dachte an meine Mutter. Wie es ihr wohl ergeht?

Ich wusste wenig von dem, was mit einem Menschen geschieht, wenn er stirbt. Die Seele tritt aus dem Körper, bleibt aber in der Nähe. Sie beobachtet das unmittelbare Geschehen, der Mensch kann sich dessen vollkommen bewusst sein. Die Seele schaut, wie in einem gewaltigen Zeitraffer, auf die Gegenwart und das vergangene Leben, alles erscheint parallel nebeneinander. Ein ausgebreitetes Leben. Die Seele erspürt die Qualitäten der Situationen und Stationen, der Begegnungen, der eigenen verpassten Gelegenheiten, der Habgier, des Zornes, der Liebe, der Trauer und der Freude.

Wie es meiner Mutter wohl ergeht?

Die Atmosphäre um uns, auf der Autobahn, wurde grauer und kälter. Wir fuhren nun in einem Abschnitt, wo links und rechts der Straße große Büsche und Bäume standen. Sie wuchsen direkt an der Straße, nicht, wie sonst entlang der Autobahn üblich, auf einem Wall. Unzählige Äste reckten sich direkt neben uns in den Himmel. Und plötzlich sah ich deutlich, dass die Zweige mit Eis überzogen waren. Tausende, Millionen dünner und dicker Eisfinger wuchsen längs der Autobahn. Sie streckten sich, schienen länger zu werden, und es war, als wollten sich die Finger zu beiden Seiten der breiten Straße oben treffen.

Ich fuhr in diesen Tunnel hinein, einen Eistunnel, dessen Ende ich nicht sehen konnte. Weit in der Ferne war ein noch dunkleres Grau erkennbar. Die Temperatur fiel weiter.

Während ich – hellwach im warmen Auto – mich nicht besonders auf den Verkehr konzentrieren musste, dachte ich immer wieder an meine Mutter. Bilder von früher fielen mir ein. Es war, als schaute ich Postkarten an. Der kleine Junge auf dem Motorrad des Vaters, im Arm der lachenden, ängstlich blickenden, dem Vater hingegebenen Mutter. Der kleine Junge auf dem Schoß des kerzengrade sitzenden Vaters, das Lachen der Mutter. Warum haben die beiden ein Kind wie mich bekommen? Wieso wollte ich in diese Familie geboren werden? Solche Fragen habe ich niemals mit meinen Eltern besprochen und auch nicht besprechen können. Dachte ich zumindest. Ich habe sie dafür verachtet, aber mehr und mehr, je weiter das eigene Blickfeld wurde, wuchs Verständnis: Ich versuchte, diejenigen Menschen, deren Nähe und Umgebung ich mir für eine gewisse Zeit meines Lebens ausgesucht hatte, mit anderen Augen zu sehen. Was hatten wir miteinander zu tun? Welchen Wert hat Erziehung vor diesem Hintergrund?

Ich ahnte, dass meine Fahrt in den Eistunnel etwas mit dem Tod meiner Mutter zu tun hatte. Unwillkürlich versuchte ich, in den vorbeiziehenden Grauabstufungen der Zweige, Äste und der Luft Strukturen zu erkennen. Ich suchte Antworten auf meine Fragen. Doch plötzlich tauchte etwas anderes auf: Ich war mir sicher, dass der Eistunnel ein Blick auf die gegenwärtige Situation meiner Mutter war.

Drei Stunden später. Ich klopfte an die Türe der Intensivstation. Eine Krankenschwester im grünen OP-Kittel öffnete.

„Ich möchte meine verstorbene Mutter sehen."

Sie blickte fragend. „Wen möchten Sie besuchen?"

„Meine Mutter. Sie ist vor ein paar Stunden auf Ihrer Station gestorben. Ich bekam einen Anruf, und ich bin sofort losgefahren."

Sie nickte. „Einen Moment bitte."

Sie verschwand, die Tür ging zu, wurde wieder geöffnet, eine ältere Frau erschien.

„Ja, bitte?"

„Ich möchte meine verstorbene Mutter sehen."

Kühles Lächeln. „Wann ist sie gestorben?"

„Ich weiß nicht. Vor ein paar Stunden, auf Ihrer Station. Ich bekam einen Anruf."

„Wer rief sie an?"

„Das weiß ich nicht. Ich habe mir den Namen Ihrer Kollegin nicht gemerkt."

Sie schüttelte den Kopf. „Das kann nicht sein. Wir behalten keine Toten auf der Intensivstation."

Mir wurde heiß. „Was bedeutet das? Wo ist meine Mutter?"

„Heute ist eine Person bei uns verstorben, eine Frau. Wahrscheinlich Ihre Mutter. Und die ist nicht mehr hier, die liegt unten im Kühlraum."

„Was? Das kann doch nicht Ihr Ernst sein! Im Kühlraum?"

„Wir dürfen hier keine Toten aufbewahren. Das sagte ich Ihnen doch."

„Aber Ihre Kollegin hatte mir am Telefon versichert, dass meine Mutter hier liegen bleibt, bis ich komme. Ich musste fünf Stunden lang fahren. Das wusste Ihre Kollegin."

„Sie wissen nicht mehr, wer das war?"

„Nein. Ich will jetzt meine Mutter sehen. Sofort!" Ich sprach laut. Ein paar Leute, die vor der Station warteten, blickten aufmerksam herüber.

Die Ärztin – Name und Titel standen auf ihrem Schild am Kittel – wurde kälter. „Das geht nicht. Warten Sie." Sie drehte sich um, wollte verschwinden, und im selben Augenblick wurde die Türe geöffnet. Ein großer kräftiger Mann erschien, ebenfalls im grünen OP-Kittel.

„Was ist hier los?"

„Ich will sofort den Stationsarzt sprechen. Ich suche meine Mutter."

„Der Arzt hat keine Zeit. Ich bin der Pfleger, der Ihre Mutter nach unten gebracht hat. Was wollen Sie?"

Woher wusste der, worüber wir sprechen? „Ich will meine Mutter sehen."

„Das geht nicht. Sie liegt im Kühlhaus. Da dürfen Sie nur rein, wenn Sie mit einem Leichenbestatter kommen. Sonst darf ich Sie nicht in den Kühlraum lassen."

„Ich will ja nicht alleine hinein. Kommen Sie einfach mit, wir gehen zusammen."

Er zuckte kurz zurück, kam aber wieder einen Schritt auf mich zu. „Nein, ich habe keine Zeit. Ich kann hier nicht weg."

„Dann geh ich eben alleine." Ich wurde wütend. „Was bilden Sie sich ein? Ich komme 500 Kilometer weit angereist, und Sie legen meine Mutter ins Kühlregal! Was sind Sie nur für ein Mensch?!"

Noch mehr Besucher wurden aufmerksam. Die Situation war kurz davor, außer Kontrolle zu geraten.

Der Pfleger kam noch einen Schritt näher. „Sie gehen jetzt besser. Kommen Sie morgen wieder, am besten mit Ihrem Beerdigungsunternehmer. Dann können Sie Ihre Mutter sehen." Hinter ihm ging die Tür auf, andere Schwestern kamen und guckten.

Üble Gedanken schossen mir durch den Kopf.

„Ich rufe jetzt die Polizei und lasse Sie hinauswerfen. Raus! Sofort raus!" Der Pfleger brüllte auf mich ein.

Zwei Besucher drückten sich an unserer Gruppe vorbei und wollten offenbar jemanden auf der Intensivstation besuchen.

Ich drehte mich zu Ihnen um. „Fragen sie erst mal nach, ob Ihre Freunde noch da sind. Hier sterben und verschwinden nämlich Patienten", sagte ich laut. Mein Herz klopfte im Hals.

Der Pfleger wurde rüpelig. „Raus, sofort raus hier!" Er machte einen Schritt auf mich zu.

Eine halbe Stunde später saß ich im Auto und fuhr zum Haus meiner Eltern. Ich hatte mich halbwegs beruhigt. Die Ungeheuerlichkeit der Situation drückte aufs Gemüt. Ich versuchte zu begreifen, was passiert war.

Es war stockfinster. Ich fuhr auf der Bundesstraße durch einen Wald. Im Scheinwerferlicht sah ich die Bäume vorbeigleiten. Zum Glück gibt's den Mittelstreifen zum Entlangtasten, dachte ich. Schön langsam! Der heutige Tag zog noch einmal vorüber. Bruchstücke tauchten auf und verscheuchten für Momente die Müdigkeit. Und plötzlich wurde mir klar, was ich heute nachmittag tatsächlich gesehen und gespürt hatte: Während ich durch den Eistunnel fuhr, die dunklen Äste und Zweige sich zu eisigen Spinnen und Geweben verwandeln sah, wurde meine Mutter in die Keller des Krankenhauses gebracht und ins Kühlregal geschoben.

Die Beerdigung fand ein paar Tage später statt. Bis dahin hatte die Trauer nur wenige Möglichkeiten, auf sich und den Tod aufmerksam zu machen. Organisation stand im Vordergrund: Adressenlisten zusammenstellen, Sarg, Totenbriefe, Totenkarte und Totenspruch aussuchen, Ablauf der Beerdigung mit Pfarrer festlegen, Kaffeetrinken organisieren. Verschämt, aber bestimmt meldeten die ersten Bekannten und Verwandten ihr Interesse an bestimmten Gegenständen meiner Mutter an. Ich fand das Erben merkwürdig, mir machte es keinen Spaß.

Schließlich saßen wir in der Kirche. Totengottesdienst. Es wurde eine katholische Messe gefeiert, jene Art von Gottesdienst, aus dem die römische Kirchenverwaltung in den letzten 20, 30 Jahren fast jede Art von Ritus entfernt hatte. Eine scheinbare Demokratisierung war die Folge – aber wie will man das Geheimnis, dass ein Gott Mensch geworden ist, so etwas kaum begreiflich Großes und kaum Aussprechbares demokratisieren? Mir kam es während der Messfeier vor, als ströme die inhaltliche Kälte dieses langen Prozesses der katholischen Kirche durch die Reihen der Trauergäste, legte sich auf jede Bank und vor den Altar. Die kultische Sprache enthielt nichts Lateinisches mehr, und das – äußerlich verständliche – Deutsche ist so klar und nüchtern und verformelt, dass es belanglos klingt. Die Fantasie wird nicht mehr angeregt. Und während ich meinen Gedanken nachhing und auch an die Tote dachte, öffneten plötzlich die Wolken ein Fenster, und während der Priester die Wandlung zelebrierte und wir alle an die Mutter dachten, ergossen sich durch eines der hohen Fenster breite Sonnenstrahlen in die Kälte der Kirche. Ich blickte mich um, entdeckte eine Bundesgenossin. Wir nickten uns zu und wussten, dass uns die Mutter ein Zeichen schickt. Wir wussten, dass es ihr gut geht.

NEBEN DIR

So viele Regenmorgen
machen mich wach.
Ich seh dich gleich neben mir,
häng den Träumen nach.

Draußen die Wolken,
weiße Segelboote,
weh'n vorbei,
und du drehst dich her.
Und plötzlich liegen wir zwei am Meer,
ja, am Meer.

Gestern ist lang vorbei,
morgen nicht in Sicht.
Wir steh'n mittendrin,
augenblicklich.

Wo ist der Tod?
Wo ist das Leben?
Ganz egal,
denn ich bin jetzt hier.
Alles ist weg, ich bin nah bei dir.
Ja, bei dir.

Du warst mal ein Mädchen,
ich hätt dich gern früher gekannt.
Doch ich wurd auf dem Land groß,
und du warst in irgendeiner Stadt.

Ging es dir gut?
Hattest du Freunde?
Und was war deine Musik?
Und wie lang war'n deine Haare?
Ich glaub ich war schon
damals in dich verliebt.

Hinter den Wolken,
weit, weit von hier,
dort liegt das Paradies,
so glauben wir.

Doch es ist hier,
in deinem Haar,
in deinem Blick, deiner Haut, deinem Wort.
Auch wenn ich's nicht versteh – es ist genau so.
Oh, genau so.

Du warst mal ein Mädchen,
Ich hätt dich gern früher gekannt.
Doch ich wurd auf dem Land groß,
und du warst in irgendeiner Stadt.

Ging es dir gut?
Hattest du Freunde?
Und was war deine Musik?
Und wie lang war'n deine Haare?
Ich glaub ich war schon
damals in dich verliebt.

So viele Regenmorgen
machen mich wach.
Ich seh dich gleich neben mir,
häng den Träumen nach.

Draußen die Wolken,
weiße Segelboote,
weh'n vorbei,
und du drehst dich her.
Und plötzlich liegen wir zwei am Meer,
ja, am Meer.

Juni 2007

Nur mit dir

Hatte dich niemals zuvor geseh'n.
Kannte dich trotzdem sehr genau.
Sang deine Lieder – doch niemals so schön
wie du. Du bist eine starke Frau.

Du suchtest nach dir – und fandest dort uns.
Du wolltest den Weg – und warst schon am Ziel.
Die Freude der Welt – jeder stinkende Sumpf:
Bei dir wurde alles zur Melodie.

Nur mit dir wird unsre Welt reich.
Du lässt die Wüste blüh'n.

Du sangst eine Zeile – wir war'n fasziniert.
Deine heisere Stimme – wir waren verliebt.
Deine dunklen Augen erzählten von dir,
deine hellen Worte haben uns gerührt.

Viele deiner Brüder flogen zu weit,
viele deiner Schwestern sind deprimiert.
Viele deiner Kinder sind verwirrt.
Es gibt noch ein paar – die brauchen wir heut.

Nur mit dir wird uns're Welt reich.
Du lässt die Wüste blüh'n.

Du kennst auch die Menschen ohne Gesicht.
Auf ihren Stühlen festgezurrt.
Ihre weißen Hände fest auf dem Tisch,
ihre dünnen Beine tief im Morast.

Du singst auch für sie – sie wollen den Ausweg
und suchen verzweifelt in ihrem Papier.
Die Wände brechen über ihnen zusammen.
In der Ferne, da hinten, winkt ihr.

Nur mit dir wird unsre Welt reich.
Du lässt die Wüste blüh'n.

Januar 2009

Paris verlassen

Ihr Lidstrich ist verlaufen,
ihre Wimpern alle verklebt.
Die Falten hat sie vom Saufen,
ihre Augen – vollkommen verlebt.
Ihre Tristesse von all den Menschen.
Und auch von mir – ich war bei ihr.

Das Herz aus Stein schlägt hart –
früher pochte es geschmeidig!
Des Geldes Farbe scheint grell
aus den Rissen alter Häuser.
Und die vergessenen Lieder
schlafen weinend unterm Tisch.

Hey Paul, fahr los,
ich kann sie nicht mehr seh'n.
Diese Liebe ist vorbei!
Sie war viel zu schön.

Auf der Brücke liegt dein Mantel,
dein Lachen flattert im Wind.
Deine Linien auf den Laken
im Mondlicht verschwimmen.
Deine manchmal harten Worte
sind vergessen. Du bleibst in mir.

Die Zeit zu geh'n ist gut.
Die Sonne steht so tief.
Das Saxofon spielt zu laut,
an der Ecke sitzt Météque.
Etwas in mir will mich halten,
doch es geht nicht, ich bin weg.

Jemand' verlassen ist einfach:
ein Streit, ein Kuss – kein Blick.
Warum ist man zusammen?
Warum zweifelt man im Glück?
Und wir weinen, wenn wir lieben,
fühlen die Himmel – ein Stück.

Hey Paul, fahr los,
ich kann sie nicht mehr seh'n.
Diese Liebe ist vorbei!
Sie war viel zu schön.

Dezember 2008

PARIS
VERLASSEN

Schmutz an deinen Händen

Woher kommt der
Schmutz an deinen Händen?
Geruch aus deinem Mund?
Blut an deinen Füßen?
Sag mir wo, sag mir woher!

Woher kommt
der Schnitt in deinem Arm?
Die Narbe im Gesicht?
Die Wunde auf der Hand?
Sag mir wo, sag mir woher!

Woher kommt
der Tote in deinem Garten?
Die Schrift an deinem Haus?
Die Dornen an der Wand?
Sag mir wo, sag mir woher!

Der Zirkus zieht vorbei,
das Haus ist verwaist,
die Fenster sind blind.

Woher kommt der
Bettler vor deiner Haustür?
Aussätzige auf dem Klo?
Penner in deinem Bett?
Sag mir wo, sag mir woher!

Was macht deine
Frau bei deinem Feind?
Wie kommt die Tochter auf den Strich?
Dein Sohn ins Lazarett?
Sag mir wo, sag mir woher!

Wer wirft dein
Geld in das Feuer,
Gold in das Meer,
Kleider in den Müllsack?
Sag mir wer, sage mir wer!

Der Zirkus zieht vorbei,
das Haus ist verwaist,
die Fenster sind blind.

August 2008

Woher kommt der
Schmutz in deinem Mund?
Schweiß auf deiner Stirn?
Blut an deiner Hand?
Sag mir wo, sag mir woher!

Der Zirkus zieht vorbei,
das Haus ist verwaist,
die Fenster sind blind.

August 2008

Schröders Garten

Die alte Weide fließt ins Wasser.
Der rote Mond hängt überm Fluss.
Der Regen sagt, er kommt erst später.
Und ich ertrink in deinem Blick.

Deine langen schlanken Hände
spür ich unterm Hemd.

Das Licht aus fünfzig dunklen Lampen
legt sich flüsternd auf den Platz.
Die Mädchen kennen alle Lieder,
ein Mann am Tresen tanzt.

Die Löwen bleiben heut im Käfig.
Die Applaudierer haben frei.

Wo bleibt die Zeit
mitten in diesem Traum?
So geht die Zeit.
Und was bleibt, ist Liebe.

Dein blondes Herz hör ich schlagen
weich an meiner Brust.
Der Hauch von Zweifel ist verschwunden,
der Streit von gestern einerlei.

Niemand braucht heut eine Bühne,
zwei Menschen stehen Hand in Hand.

Wo bleibt die Zeit
mitten in diesem Traum?
So geht die Zeit.
Und was bleibt, ist Liebe.

Die alte Weide fließt ins Wasser.

Januar 2008

So fein

So blau die Augen,
zerzaust Jakobs Haar.
So fein das Lächeln,
immer da, immer da.

Genau weiß niemand, was geschah.
Castoren rollten in das Land.
Trauer schlich sich in sein Herz.
Und kalte Wut
zu seinem Schmerz.

Polizisten zerrten ihn
von dem Traktor, schlugen blind
einfach auf ihn ein.
Tränen, ohne dass er weint.
Ohne dass er's will.

Jakob bleibt steh'n,
unbeirrbar steh'n.
Auch wenn alle geh'n:
Jakob bleibt steh'n.

Früher hatte er gedacht,
jene Menschen an der Macht
sind klug und sorgen sich.
Heute lacht er innerlich,
lacht sie aus,
lacht sie aus.

Jakob bleibt steh'n,
unbeirrbar steh'n.
Auch wenn alle geh'n:
Jakob bleibt steh'n.

So blau die Augen,
zerzaust Jakobs Haar.
So fein das Lächeln,
immer da, immer da.

März 2008

Sommer

Endlich der Sommer,
mit zweiunddreißig Grad.
Er liebt das Reisen,
jetzt ist er wieder da!

Wer hat ihn zuerst gesehen?
In Friesland hinterm Deich?
Oder hoch oben auf der Rhön,
zwischen Blättern einer Eiche?

Die Menschen tun's den Vögeln gleich,
sie fangen an zu fliegen:
Herzen, Haare, Röcke, Beine –
alle wollen lieben.

Endlich der Sommer,
mit zweiunddreißig Grad.
Er liebt das Reisen,
jetzt ist er wieder da!

Gestern noch in Griechenland,
dann Vagabund auf Sylt.
Sich geaalt am Spanienstrand,
wo er ein Pärchen küsste.

Heute sitzt er lässig breit
bei einem Gläschen Weißen.
Grinst ganz frech und braucht kein Geld:
Jeder lädt ihn ein.

Endlich der Sommer,
mit zweiunddreißig Grad.
Er liebt das Reisen,
jetzt ist er wieder da!

Manchmal macht er Pause,
doch bitte nur ganz schnell.
Manchmal muss er sich frisch polier'n,
dann strahlt er wieder hell!

Endlich der Sommer,
mit zweiunddreißig Grad.
Er liebt das Reisen,
jetzt ist er wieder da!

August 2006

Sonne am Sonntag

Sonne am Sonntag
im öden Dorf,
dein heißes Licht
steht auf der Kichwand.

Brennende Luft
drängt ins Haus.
Trocken der Mund,
aber kalt das Blut.

Mädchen vorm Spiegel
im dünnen Kleid:
Wird er gleich kommen
in die Kühle zu dir?

Und deine Eltern
im biederen Bett
stöhnen verhalten,
suchen die Lust.

Wer in den Häusern
will schon die Nähe?
Wer wagt noch den Blick
durch den andern ins Nichts?

Sonne am Sonntag blendet die Augen.
Sonne am Sonntag wärmet die Haut.
Sonne am Sonntag langweilt die Jungen.
Sonne am Sonntag – ein Mädchen träumt.

Pfeifender Radler
im lauen Wind,
sucht sein Mädchen.
Es wartet auf ihn,

schleicht aus dem Hause.
Sie lieben sich dort,
unter Pappeln,
am Graben im Busch.

Wer in den Häusern
will schon die Nähe?
Wer wagt noch den Blick
durch den andern ins Nichts?

Sonne am Sonntag blendet die Augen.
Sonne am Sonntag wärmet die Haut.
Sonne am Sonntag langweilt die Jungen.
Sonne am Sonntag – ein Mädchen träumt.

Nehmt doch das Boot
und rudert hinüber
ans andere Ufer,
wo niemand euch kennt.

Ihr braucht keinen Führer,
ihr braucht kein Licht.
Die Wärme der Hände
zeigt euch den Weg.

Juli 2006

Stadtgespräch

Stadtgespräch in Lüneburg
sonntags um halb zehn.
Brötchenduft –
noch schläft die Welt.

Kinderstimmen,
Jazzmusik,
erster Espresso,
müder Blick
aus nachtdurchtränkten Augen.

Grüne Jacke,
kurzer Rock,
dann diese Beine
um diese Uhrzeit –
ist doch kaum zu glauben!

Paare schweigen,
Teller klappern.
In der Ecke:
Ein Schlagzeug schläft den
Rausch in seinen Fellen.

Glocken rufen.
Krumme Häuser,
enge Gassen,
Blumenhöfe, in denen
manchmal Hunde bellen.

Stadtfest,
tagelang Musik.
Menschenmassen,
die sich an guten Bieren laben.

Stöckelabsatz
abgebrochen.
Keine Chance auf
Kopfsteinpflaster.
Blumenmann
beschenkt die Dame.

Stadtgespräch in Lüneburg
sonntags um halb zehn.
Brötchenduft –
noch schläft die Welt.

Juni 2006

Über die Elbe

Stefan aus dem Wendland
ging über die Elbe
ins Niemandsland,
wo niemand anderes lebt.
Der Bauwagen hat längst ausgedient.

Stefan baut jetzt Tische
und viel zu kleine Stühle.
Malt große Schinken,
die niemand braucht.
Doch niemand hat das bislang gemerkt.

Auf Wiedersehen, Wendland.
Wir leben nicht mehr hier.
Wir kommen dich besuchen
zwei-, dreimal im Jahr.

Frieda aus dem Wendland
haute ab nach Frankreich.
Sie kauft dort Schmuck
aus Messingdraht,
von Marokkanern, billig, stets parat.

Hanna bastelt Hosen
aus allerfeinstem Leder.
Und Schuhe
mit der Hand genäht.
Von einem Paar ein ganzes Jahr sie lebt.

Auf Wiedersehen, Wendland.
Wir leben nicht mehr hier.
Wir kommen dich besuchen
zwei-, dreimal im Jahr.

Zur kulturellen Landpartie,
mit viel Kommerz.
Alternatives Schauprogramm –
wo ist dein Herz?

Benno aus dem Wendland
war früher in der Apo.
Dann Juso,
dann Stadtverwaltungsrat,
Reihenhaus in Duisburg – akkurat.

Werner blieb im Wendland
mit seinen sieben Kindern.
Der Castor-Berg
gleich nebenan.
Werner freut sich, dass er existieren kann.

Auf Wiedersehen, Wendland.
Wir leben nicht mehr hier.
Wir kommen dich besuchen
zwei-, dreimal im Jahr.

Zur kulturellen Landpartie,
mit viel Kommerz.
Alternatives Schauprogramm –
wo ist dein Herz?

Juni 2006

WARMER REGEN

Ich bin Vorstand,
in 'ner Firma.
Hab 'ne Freundin,
die mich versteht.

Hab 'ne Frau,
und vier Kinder,
13 Häuser,
ein Aktienpaket.

Ich bin hart
zu mir und andern.
Nur wer leistet,
kommt zum Ziel.

Ich betrüge,
ich belüge.
'ne kleine Pleite
gehört zum Spiel.

Dann kann ich hedgen,
Zähne fletschen,
Märkte quetschen,
Immobilien rotiern.

Kann derivieren,
optimieren,
mich sanieren.
Die andern krepieren.
Die andern krepieren.

Wenn der warme Regen fällt
überschwemmt man mich mit Geld.
So lieb ich diese Welt,
so klar, unverstellt:
Warmer Regen fällt.

Ich bin Chefarzt
in 'ner Klinik.
'ne schicke Schwester,
die mich versteht.

Hab 'ne Frau,
und vier Kinder,
13 Häuser,
sattes Aktienpaket,
ein Aktienpaket.

Heute Banker,
morgen Manager,
dann wieder Vorstand:
Sind wir nicht gut?!

WARMER REGEN

Friss die Fische,
so lang sie da sind.
Diese Welt
ist morgen tot.
Morgen tot.

Wenn der warme Regen fällt
überschwemmt man mich mit Geld.
So lieb ich diese Welt,
so klar, unverstellt:
Warmer Regen fällt.

August 2008

Was tut man den Kindern?

Die Kinder steh'n am Zaun,
fassungslos und erschrocken:

Erwachsene Hände greifen
nach ihren dünnen Armen.

Die Kinder sind still,
kein Atem im Wind.

Was tut man den Kindern?
Wer will an ihren Geist?
Wir kennen die Diebe,
sie waschen sich weiß.
Wir wissen es alle,
kennen wir auch den Preis?

Die Diebe tragen Masken
aus schwarzem, rotem Samt.

Darunter ihre Fratzen,
jahrhundertealt.

Sie sitzen in Schulen,
in jeder Partei.

Und wenn die Kinder fragen,
was können wir ihnen sagen?
Beobachtet ganz genau,
ihr findet alles raus.

Wir alle waren Kinder
und standen mal am Zaun.

Dies müssen wir ihnen sagen,
heute müssen wir uns trauen.

Keine Angst vor den Masken,
sie verlieren die Macht.

Was tut man den Kindern?
Wer will an ihren Geist?
Wir kennen die Diebe,
sie waschen sich weiß.
Wir wissen es alle,
und was ist der Preis?

August 2006

Wenn du kommst

Wenn du kommst,
wenn die Tür aufgeht, du da stehst,
einfach da stehst.
In diesem Licht,
total schlicht:
Du bist da.

„Keine Angst“,
sagst du leise. Und ich nicke.
Hände in den Taschen,
weil sie zittern.
Du könntest wittern
meine Angst.

Wo bleibt denn mein Mut?

Alle Worte sind am Ende.
Jeder Zweifel fliegt ins Chaos.
Niemand fragt nach dem Warum.
Jeder weiß, es ist gut so.

Ja, ich weiss
das Geheimnis ist Vertrauen
in diese Liebe.
Alles verzaubernd,
total schlicht
ist sie da.

Wo bleibt denn mein Mut?

Alle Worte sind am Ende.
Jeder Zweifel fliegt ins Chaos.
Niemand fragt nach dem Warum.
Jeder weiß, es ist gut so.

Januar 2008

Winter in Schweden

Winter in Schweden,
Flocken tanzen im Straßenlicht,
knöcheltief fließt der Matsch,
Autos schleichen vorbei.

Es war in diesem Café,
du sitzt mir gegenüber,
liest ein Magazin
und schaust mich plötzlich an.

Ich fall in deine Augen,
verlieb mich in deine Stimme,
verirr mich in deinem Haar,
obwohl du keine Schwedin bist.

Schwedischer Winter,
großer weißer Mann.
Du zauberst Märchen,
alles wird ruhig,
hört dir zu.
Alles wird ruhig.

Den letzten Tannenbaum
gerade noch gekauft.
Holzlöffel sind der Schmuck,
verwunsch'ne heilige Nacht.

Eiskrusten auf dem Strand,
20 Grad unter null.
Dein Gesicht tief versteckt.
Sonnenstrahlen überm Meer.

Schwedischer Winter,
großer weißer Mann.
Du zauberst Märchen,
alles wird ruhig,
hört dir zu.
Alles wird ruhig.

Weihnacht in Schweden,
Flocken tanzen überall,
Menschen wünschen dir Glück,
Autos schleichen vorbei.

Dezember 2008

Wunderschön wie du

So viele Gesichter schon gesehen,
aber keines war so schön
wie deins.

Dein Lächeln blitzt mich an,
klar wie ein Wintertag
und unverschämt charmant.

Dann dieser Regen
auf der weichen Haut.
Bäume im Winde biegen sich her.
Sonne auf Wegen,
in der Ferne blau.
Und der Moment, in dem man brennt,
die Aufregung die Worte nimmt.

So viele Gesichter schon gesehen,
aber keines war so schön
und zart,
so wunderschön
wie deins.

Und nun stehst du neben mir,
kein Wort mehr kommt von dir,
nur der Kuss.

Über mir dein langes Haar,
dein Blick ernst und klar,
deine Hände überall.

Dann dieses Licht
über den Rücken rinnt.
Das Meer wird glatt, unendlich weit.
Zartes Suchen
nach dem anderen.
Der Moment, in dem man brennt,
die Aufregung die Worte nimmt.

So viele Gesichter schon gesehen,
aber keines war so schön
und zart,
so wunderschön
wie deins.

September 2006

Zeit für Fröhlichkeit

Wo bleibt die Zeit
für Fröhlichkeit?
Die Zeit zum Lachen und zum Trinken,
die Zeit für sinnloses Geschwätz?
Die süße Schwere nach langen Nächten,
den Kopf am Kühlschrank
angelehnt.

Wo ist das Leichte?
Und wo das Lächeln?
Das unbeschwerte Sein am Tag,
die satten Kräfte für die Nacht?
Das leise Murmeln von all den Bächen,
das warme Regenwasser im Haar?

Melancholie,
Melancholie,
du zarte Melodie des Erinnerns.

Gestrige Welt –
wo ist dein Hauch?
Auch das Morgen scheint besser als das Jetzt.
Das harte unwirtliche Jetzt,
wo alles sich ändert und nichts kann bleiben.
Wir brauchen Mut, all' dies zu seh'n.

Halt dich nicht fest,
geh mit dem Wind.
Sein Hauch lässt uns alle leben.

Dies ist die Zeit
für Fröhlichkeit.
Die Zeit zum Lachen und zum Trinken,
die Zeit für sinnloses Geschwätz.
Die süße Schwere nach langen Nächten,
den Kopf am Kühlschrank
angelehnt.

Melancholie,
Melancholie,
du zarte Melodie des Erinnerns.

September 2006

Vor ein paar Jahren entstanden erste Liedzeilen. Lieder? Gedichte? Beides hängt zusammen, alle Gedichte in diesem Buch sind vertont. Mal war zuerst eine Melodie da, mal ein paar Akkorde, mal ein Gedanke, immer wieder ein Satz.

Bei alldem geht es um den Beat, um den Rhythmus, um Tonarten, Pausen, Präzision im Ausdruck, um Weite und Enge, um Vergangenheit und – vor allem – um Neues.

Lieder schreiben? Es ist der Versuch, Worte und Musik zu Bildern zusammenzufügen. Das Gleiche gilt für Gedichte. Worte und Leerstellen lassen Geschichten entstehen. Was mich interessiert, sind die Tatsachen, die hinter den Dingen liegen.

Als ich Robert fragte, ob er Lust habe, dazu etwas zu zeichnen, sagte er sofort ja. Ich habe mich sehr gefreut! Er verdichtet die Bedeutung von Sichtbarem in Linien auf Papier. Er ist Bildhauer und sucht auch dort den Ausdruck im Stein. Man kann wunderbar mit ihm spinnen. Danke!

Kennen Sie uns? Halten Sie das erste Mal ein Buch von uns in der Hand?